QUE FERONT-ILS?

OU

EXAMEN

DES

QUESTIONS DU MOMENT.

PAR N. A. DE SALVANDY.

PARIS.

A. SAUTELET ET Cᵉ, LIBRAIRES,
PLACE DE LA BOURSE.

16 octobre 1827.

TABLE DES MATIERES.

LETTRE à M. le rédacteur du Journal des Débats sur l'état des affaires publiques, par N. A. de Salvandy. 12 Juillet 1827.

LETTRE DE LA GIRAFE au pacha d'Égypte, pour lui rendre compte de son voyage à Saint-Cloud, et envoyer les rognures des deux premières semaines de la censure de France au journal qui s'établit à Alexandrie en Afrique. 12 Juillet 1827.

SECONDE LETTRE à M. le rédacteur du Journal des Débats sur l'état des affaires publiques, par N. A. Salvandy. 19 Juillet 1827.

TROISIÈME LETTRE à M. le rédacteur du Journal des Débats sur la suite des affaires publiques, par le même. 25 Juillet 1827.

QUATRIÈME LETTRE à M. le rédacteur du Journal des Débats sur la suite des affaires publiques, par le même. 2 Août 1827.

DEUXIÈME LETTRE DE LA GIRAFE AU PACHA D'ÉGYPTE, en lui envoyant son Album enrichi des dernières noirceurs de la censure. 8 Août 1827.

CINQUIÈME LETTRE à M. le rédacteur du Journal des Débats sur la suite des affaires publiques, par le même. 16 Août 1827.

SIXIÈME LETTRE à M. le rédacteur du Journal des Débats sur la suite des affaires publiques, par le même. 22 Août 1827.

EXPLICATION de la loi sur les collèges électoraux et le jury, à l'usage de tous les électeurs de la France, par le même (4e publication des amis de la liberté de la presse. Se distribue.)

SEPTIÈME LETTRE à M. le rédacteur du Journal des Débats sur la suite des affaires publiques, par le même. 29 Août 1827.

LETTRE A UN PROVINCIAL SUR LE VOYAGE DE SAINT-OMER, par le même. 13 Septembre 1827.

DEUXIÈME LETTRE A UN PROVINCIAL SUR LE VOYAGE DE SAINT-OMER, par le même. 25 Septembre 1827.

HUITIÈME LETTRE à M. le rédacteur du Journal des Débats sur la suite des affaires publiques, par le même. 3 Octobre 1827.

EXPOSITION DES DERNIERS PRODUITS DE L'INDUSTRIE DE LA CENSURE, et Réclamation d'icelle contre une omission du jury, adressée à l'auteur des lettres à M. le rédacteur du Journal des Débats. 9 Octobre 1827.

QUE FERONT-ILS?

OU

EXAMEN DES QUESTIONS DU MOMENT.

CETTE question occupe les salons, retentit dans les villes, anime les châteaux, émeut la Bourse enfin. On croit généralement que la dissolution est résolue; on allait même ces jours derniers jusqu'à dire que l'ordonnance était signée, et on allègue mille bonnes raisons pour expliquer la détermination souveraine de la couronne.

On croit généralement qu'il n'est pas question de dissoudre la chambre des députés; c'est sur la chambre des pairs, assure-t-on, que sera frappé un coup d'état. Sa dignité sera battue en brèche par une invasion de soixante-cinq recrues de l'armée ministérielle. On connaît tous les noms des combattans, élus pour prendre place dans cette fournée, comme dans une espèce de cheval de Troie, et entrer au sein de la pairie afin de tout renverser. On va même jusqu'à désigner le jour qui verra la charte livrée en proie aux soixante Sinons nouveaux. C'est le 4 novembre, le jour de la Saint-Charles, que le ministère doit porter à la France ce grand coup.

Les versions contraires ont la même autorité et les mêmes fondemens. On ne peut rien attester avec certitude, hormis le malaise profond du ministère et la conscience qu'en ont tous les esprits. Tout le monde sent que nous sommes arrivés au terme d'un défilé qui n'a point d'issue, qu'il faut qu'un des trois grands pouvoirs, l'administration, la seconde chambre ou la chambre héréditaire, soit brisé pour frayer un passage, et l'opinion flottante attribue tour à tour au cabinet des desseins contraires, selon que l'espoir ou la terreur domine. Cependant le bruit de la dissolution est toujours celui qui conserve le plus de consistance. C'est celui auquel croit la Bourse, et on sait qu'elle est en bons termes avec le ministère.

Il est certain que ce parti est celui que conseille la sagesse; mais c'est là précisément ce qui épouvante les bons esprits.

Sans contredit, il vaut mieux modifier une chambre mobile et populaire que la chambre éternelle; il vaut mieux conformer l'esprit de l'administration au génie de ce sénat, illustre en talens, en expérience, en nom respectés, en gloires de tous les temps, qu'aux vues de cette autre assemblée qui a plus de zèle que de lumières, et plus de dévouement que d'autorité. Il vaut mieux s'appuyer au rocher protecteur que courir les aventures avec le fragile esquif; il vaut mieux affronter aujourd'hui, quand tout est tranquille et assuré, la tourmente inévitable du renouvellement septennal, que s'entêter à attendre les discussions violentes, les embarras, les dangers de réélections nombreuses, dans un temps peut-être où mille accidens, mille coups de la fortune, pourraient faire également de toute résistance ou de toute concession, des malheurs, et de tout changement une révolution.

Une considération qui est plus faite pour frapper la sagesse du cabinet, c'est que le nombre des électeurs nouveaux croît d'année en année ; et les jeunes hommes sont comme tous les disgraciés : ils pensent mal.

La manière dont les listes électorales ont été violentées, semble indiquer la pensée d'une convocation prochaine des colléges ; et comme dans la situation fausse où nous sommes il faut sans cesse réunir les contraires, on peut regarder comme d'égales présomptions, et l'improbité des actes et la modération des discours. Le ministère parle charte dans ses gazettes ; il assure que si le monarque avait pu vouloir attenter à nos lois, il eût été un *méchant homme*. Ce mot extraordinaire reste consigné dans les feuilles de la trésorerie. A cela près, quelques articles du *Moniteur* ont été remarquables par une mesure, une dignité, un talent auxquels nous ne sommes pas accoutumés ; c'était le vrai langage du pouvoir. Le cabinet s'exprime sur les partis, sur la presse, sur les journaux mêmes, sans emportement ; et l'intérêt que les formes constitutionnelles lui inspirent, pourrait faire croire qu'il est résigné à les voir revivre dans peu de jours.

D'un autre côté, un bras ministériel vient de porter

à nos institutions un coup plus lourd, Dieu merci, que mortel. M. le vicomte de Bonald s'est ranimé sous les glaces de l'âge et dans les langes de la censure, pour lancer un factum emporté contre la presse, les journaux, la magistrature, la chambre des pairs, l'opinion, la France, le genre humain surtout, ce coursier vicieux et rebelle qu'insultent avec persévérance depuis quelques années tous les grands hommes qui se dévouent à le dompter. De tout ce qu'ont fait Dieu et le temps, le noble pair n'aime que le ministère, n'estime que la censure, ne respecte que le budget.

Il y a entre le noble vicomte et le *Moniteur* dissidence profonde; est-ce pur hasard? est-ce feinte? est-ce désordre? est-ce scission entre les conseillers de la couronne et la secte qui les tient depuis si long-temps à la chaîne? on ne sait; mais l'avenir l'apprendra bientot. Car si l'esprit de M. de Bonald domine encore le cabinet, il n'y a pas d'incertitude sur le choix de la chambre qui devra être frappée. C'est contre ses collègues du Luxenbourg, bien plus que pour ses collègues de la censure, que le noble écrivain s'est jeté une fois encore dans la mêlée de ce qu'il nomme les pamphlétaires.

- Ce qu'il y a de bizarre, c'est que le pamphlétaire illustre a intitulé son pamphlet : *De l'Opposition et de la Liberté de la Presse*. Les médecins n'ont pas coutume de prendre pour enseigne le nom de leurs victimes.

Ce qui est plus bizarre encore, c'est que M. de Bonald consacre sa plume d'or à marquer les journaux de mépris superbes. Sa plume les traitait mieux autrefois, et peut-être serait-il bien que, comme ce pâtre d'Asie, M. de Bonald, au sein des grandeurs, conservât dans une armoire ses habits de berger. Ce sont les journaux peut-être qui l'ont fait ministre d'état et pair de France. C'est à la renommée que son utile coopération au *Journal de l'Empire* lui avait valu qu'il dut les bontés de l'usurpateur; plus heureux que ce journal, il les conserva quand ses collaborateurs étaient dépouillés par la tyrannie. La fortune lui est restée fidèle sous la monarchie légitime; il est au comble des prospérités; car il est chef de la censure, et ce titre est à ses yeux le plus illustre qu'un pair de France puisse mériter. Ses anciens amis sont encore dans la disgrâce. Est-ce une raison pour oublier sa propre histoire, pour verser à pleines mains l'injure sur son propre berceau?

Un censeur a mauvaise grâce à insulter les feuilles publiques. On sait par qui Tibère faisait outrager ses victimes. Si M. de Villèle avait inspiré cet écrit, on croirait que nos ministres ont voulu se grandir jusqu'à Tibère.

Du reste, le factum n'avance pas le procès débattu entre le pouvoir et le pays. La question de la liberté de la presse n'y est pas traitée. Tout roule sur ceci, que notre gouvernement doit se modeler sur celui de l'Angleterre, mais n'avoir pas d'opposition, et en revanche avoir la censure;

Que la chambre des pairs doit être la très-humble servante de tous les ministres à venir, parce que la chambre des députés est celle du peuple; mais l'auteur ne dit pas ce que doivent faire les pairs du royaume quand la *démocratie* est représentée comme nous voyons;

Qu'il y a une peste horrible dans les États modernes; c'est la démocratie. Mais ne laissez subsister que les rois (les empereurs compris), ils pourront bien donner des pensions; le peuple aboli, qui les paiera?

Qu'enfin les gouvernemens ne doivent pas tolérer l'erreur; que l'erreur est de droit du côté de leurs adversaires; que l'erreur est le propre de la nature humaine; que c'est toujours l'erreur qui a un succès soutenu et croissant; d'où il résulte que la liberté est un fléau, la popularité une honte, le temps présent une corruption.

On voudrait ne pas employer des mots sévères en parlant d'un vieillard qui a bien pu abdiquer son rang, qui ne peut abdiquer son talent et son âge; mais en vérité n'y a-t-il pas une fatuité par trop altière dans ces théories d'arbitraire et d'oppression qui, reposant sur la nature vicieuse de l'espèce humaine, annoncent chez ceux qui les proclament la prétention d'avoir eu l'esprit et le cœur pétris d'un limon plus pur, doués d'un plus noble destin, armés d'une plus infaillible raison?

Sans doute les sociétés humaines ont des endroits mauvais, et les loteries, les jeux, toutes ces tontines d'infamie que la police administre ou protége, en sont d'incontestables témoignages; mais faut-il oublier qu'un bien se rencontre toujours dans les pires choses, et que le chef du dernier gouvernement, par un raffinement d'admirable moralité, se plut à chercher dans les produits du vice la récompense des plus vertueux défenseurs de la religion et de la légitimité?

Sans doute notre siècle mérite tous les anathêmes de M. de Bonald ; sans doute nous avons eu quelques crimes politiques, dignes réminiscences du temps effroyable qui a précédé ; nous avons même vu quelque chose peut-être de plus triste encore ; et puisse notre âge ne pas rester marqué dans la postérité d'un mot horrible ! nous avons vu la première de nos assemblées condamnée à entendre l'apologie et le résumé de tous les attentats, de toutes les exterminations des temps passés ! Nous avons vu, après l'affreuse pratique de la révolution, le meurtre érigé en théorie, en dogme peut-être, et la loi invitée à l'homicide comme à un appel *au juge naturel.* Voilà une innovation épouvantable que M. de Bonald n'a point dénoncée ; mais le noble pair aurait à dire que l'horreur publique en a fait justice, et que le siècle s'est lavé de cette tache par ses unanimes désaveux. Ce mot ne restera dans l'histoire que pour faire pendant au cri fameux : Tuez toujours ! Dieu prendra les siens.

M. de Bonald mêle la raillerie à sa discussion des droits du pouvoir et des vices de l'humanité. Il fait le tableau de tout ce qui est permis à la presse par la censure, et ce tableau n'a qu'un inconvénient, c'est d'avoir été tracé beaucoup mieux par Figaro.

Maintenant l'esprit qui dirige la censure, les desseins qu'elle prétend servir ou imposer, sont connus. Le manifeste de M. de Bonald les révèle. Si cette monstrueuse autorité continue à être exercée de cette manière monstrueuse, on saura que la guerre de doctrines qui semble engagée entre les journaux officiels et le chef des censeurs, est une simulation de plus; qu'on cherche à tromper notre malheureuse France par des leurres nouveaux; qu'elle est livrée à ces théories anti-sociales, à ces théories d'abrutissement et de servitude, qui mettent le sort des nations dans les mains d'hommes destitués de leur propre estime, puisqu'ils sont sans estime pour la race humaine! Alors on ne se demandera plus: Que feront-ils? Pour le savoir on relira M. de Bonald, ou bien on contemplera les fastes du moyen âge et les misères de la Péninsule.

AFFAIRES D'ESPAGNE.

L'Espagne est toujours l'objet de la surprise du monde et des sollicitudes de la censure; car cette censure, ne fût-ce que pour jouer de son reste, continue à s'exercer dans l'esprit qui l'enfanta.

DISCUSSION DES JOURNAUX ANGLAIS. — La position de l'Espagne devient de plus en plus grave, non-seulement pour ce qui a rapport à elle-même, mais aussi à cause des nombreuses considérations politiques qui s'y rattachent. Le temps est passé où tous les diplomates de l'Europe pouvaient dire: « Abandonnez-la à elle-même; que les Espagnols règlent leurs affaires comme ils le voudront, pourvu qu'ils ne fassent rien d'incompatible avec nos intérêts. » L'occupation de l'Espagne par la France a fait de son état futur une question européenne, compliquée d'autres questions qui ont le même caractère, et qu'il serait difficile, sinon impossible, d'en séparer. L'expérience des six ou sept dernières années a prouvé que l'Espagne ne pouvait ni se gouverner ni être gouvernée par une autre puissance amie, au moins avec les restrictions qui sont nécessairement imposées à l'exercice de cette autorité auxiliaire. (Ext. du *Courier anglais.*) (Rognure du *Constitutionnel.*)

— Le résultat d'une seule déviation de ce système politique, l'entrée des troupes françaises en Espagne, n'est pas de nature à en faire tenter d'autres; et en remontant à sa source, il nous semble que cette invasion n'a pas eu pour but un agrandissement territorial, mais qu'elle a été plutôt le résultat de la crainte que de l'ambition; que ce n'est pas malgré les puissances de l'Europe qu'elle a eu lieu, mais avec leur assentissement, et à la suite de l'impulsion qu'elles ont donneé. (Extrait du *Globe and Traveller.*) (*Ibid.*)

— On pouvait craindre qu'il ne devînt le prétexte d'une attaque contre l'indépendance des nations, ce qui effectivement a eu lieu une fois; mais si le caractère d'un gouvernement ou le génie d'un homme a empêché qu'on n'en abusât davantage, nous ne croyons pas qu'il ait perdu de sa force en lui rendant ses premières bases. (*Ibid.*)

— Si nous devons ajouter foi aux nouvelles contenues dans les derniers journaux de Paris, il faut considérer les insurrections du nord-est de l'Espagne comme menaçant d'une subversion totale le gouvernement actuel de ce pays. Ferdinand a quitté sa capitale dans le but ostensible d'aller étouffer la rebellion par l'influence supposée de sa personne royale. D'ici à quelques semaines, probablement même d'ici à quelques jours, nous serons à même de juger si S. M, C. n'avait pas d'autres motifs pour se mettre en voyage. Et au fait que pourrait-elle espérer faire en personne, que ses troupes ne pussent faire d'une manière plus efficace? Mais il semble qu'elle ne saurait compter sur leur fidélité. Les rangs des rebelles se grossissent de tous côtés par suite des désertions qui ont lieu dans l'armée. En même temps on on prétend qu'il doit y avoir sous peu dans l'ouest de l'Espagne un soulèvement général dans un but diamétralement opposé à celui qu'avouent les insurgés de la Catalogne. Ceux-ci voudraient river les chaînes du despotisme; en Galice, au contraire, où il règne un esprit de mécontentement très-général, les bannières constitutionnelles pourront avant peu être déployées. Ferdinand troquerait volontiers pour un repos sans gloire, les devoirs pénibles et les sacrifices poignans que réclame la crise actuelle. La frayeur peut lui avoir donné une sagacité instinctive pour discerner l'approche d'une convulsion, pour prévoir la nécessité possible d'une évasion, et prendre des mesures auxquelles il serait trop tard de songer, quand la fuite serait impossible. Dans cette hypothèse (et ce n'est que conjecturalement que nous raisonnous) nous pouvons comprendre le passage suivant d'une lettre de Madrid : « Quoique le décret royal annonce au conseil de Castille que le roi se rend à Tarragone, il semblerait que S. M, se dirige vers Barcelone; car les ordres ont été dennés à la direction des postes d'y expédier toutes les dépêches. Barcelone a une garnison française; Tarragone n'est point dans ce cas; elle est assiégée par les rebelles, qui, après avoir défait le général Monet, l'ont forcé à se réfugier dans cette ville avec deux régimens des troupes royales. Barcelone en outre possède sur Tarragone des avantages supérieurs, dans le cas où sa S. M. C. se sentirait disposée à faire un autre voyage. (*Extrait du Courier anglais.*)

(Rognure du *Courrier français.*)

DISCUSSION DES JOURNAUX FRANÇAIS. La cause des troubles politiques qui depuis quatre ans désolent l'Espagne n'est point un mystère, seulement il n'est pas permis de la divulguer. Ceux qui ont intérêt à ne pas l'avouer ont aussi pouvoir suffisant pour imposer silence à quiconque pourrait en faire confidence au public par la voie des journaux. (Rognure du *Constitutionnel.*)

— Tous les préparatifs sont faits pour qu'au moment du péril la reine et les infans puissent se réfugier dans quelque autre ville. En Catalogne, les généraux ont offert réconciliation et oubli à ceux qui se sont soulevés contre l'autorité du roi, et l'indult royal est livré aux flammes sur la place publique de Manresa, quartier-général de l'insurrection; les cris de *vive Charles*! se font entendre; le buste du prince est promené en triomphe aux lueurs de cet *auto-da-fé*; les députations des villes qui se rendent auprès du roi pour le complimenter sont enlevées et retenues prisonnières; les défenseurs du pouvoir royal sont poursuivis jusque sur le territoire français par des hommes qui crient : *Tirez aux épaulettes.* Cependant ces hommes n'ont point pour mot de ralliement : *Guerre aux châteaux, paix aux chaumières;* ils ne sont point armés pour la république, et pourtant ils combattent les troupes du roi; pourquoi donc tuent-ils et se font-ils tuer?

Les sources qui alimentent le trésor royal d'Espagne se sont taries les unes après les autres; le monarque est réduit à licencier une partie de sa garde, ne pouvant plus la payer tout entière; les généraux qui commandaient les corps d'armées du Tage et des frontières du Portugal ont demandé leur rappel, parce que ces troupes réclamaient la solde arriérée qui leur est due, et que l'état n'a point d'argent pour l'acquitter; ceux-ci sont sans habits, ceux-là sans coiffure et sans chaussure; la nourriture et le vêtement, tout manque à la fois. Cependant il existe en Espagne d'autres soldats à qui le prêt est régulièrement fait, à qui les vivres sont également fournis, dont tous les fusils sont en bon état, dont toutes les gibernes regorgent de cartouches. Les armes de ces soldats ne sont point sorties des arsenaux de la couronne; l'argent qu'ils reçoivent ne provient point du trésor royal; ils ne combattent, ni pour les cortès, ni pour la constitution de Cadix, ni pour le roi; pour qui donc font-ils la guerre? qui en paie les frais? qui fournit les armes? qui donne l'argent?

La proclamation royale, datée du palais archiépiscopal de Tarragone, parle d'insinuations perfides, d'agens salariés par les ennemis de la prospérité du peuple espagnol, d'hommes qui font parade de zèle pour la religion qu'ils profanent et pour le trône qu'ils insultent, de séducteurs, de conspirateurs. Où ces hommes trouvent-ils asile et protection contre les poursuites de l'autorité? comment se nomment-ils? de quel habit sont-ils vêtus? (*Ibid.*)

FAITS. *Madrid*, 27 *septembre*. Les dernières nouvelles de Catalogne rapportent que le découragement s'est mis dans les rangs des *agraviados*; ces lettres rapportent aussi que les armes et l'habillement des rebelles sont venus de Perpignan et d'autres points de la frontière française, et que l'opinion générale en Catalogne est que la France n'est nullement étrangère aux discordes civiles qui divisent les Catalans.

(Rognure du *Constitutionnel.*)

— Le chanoine don Mariano Augustin, à qui le gouvernement a fait une forte pension pour écrire en sa faveur dans certains journaux de Paris, et qui ne doit partir qu'avec le duc, presse beaucoup son excellence, impatient qu'il est d'entrer en lice avec les publicistes français, et de toucher le salaire de son zèle. (*Ibid.*)

— Le gouvernement n'a pas à sa disposition des troupes qui voulussent exécuter ses plans; il s'est adressé au colonel commandant le 1er régiment suisse, en garnison au fort, qui a répondu que cela ne le regardait pas. (*Idem.*)

Tarragone, le 29. Le roi a refusé de loger chez l'archevêque, en disant qu'il ne voulait loger chez aucun ecclésiastique. Le prélat, étonné d'un refus inattendu, chercha à se justifier par de vains prétextes, et, pour effacer tout soupçon, il prétendit même qu'il avait fait tous ses efforts pour comprimer la faction et s'opposer à ses progrès; mais le roi, avec un regard où se peignaient le dédain et l'indifférence, lui répondit sèchement que non. (*Ibid.*)

— Pour fortifier la ville de Mataro, il convenait de pratiquer quelques brèches dans le couvent des Capucins; mais le révérend père gardien, qui n'avait pas le même intérêt à ces fortifications, loin de partager cet avis, s'emporta en plaintes si amères, et en invectives si outrageantes contre le général Breton, que ce général a cru son honneur compromis, et s'est vu dans la nécessité de mettre aux arrêts le révérend père pour réparer ces outrages. (*Ibid.*)

— En général les membres de cette junte sont des moines et des ecclésiastiques. (*Ibid.*)

'*Barcelone*, 30 *septembre*. Nous sommes à la veille de grands événemens : les chefs des rebelles répandent par tout le pays des proclamations relatives à l'arrivée du roi. Pour encourager leurs soldats, ils prétendent que la violence a seule réduit le roi à la triste nécessité de donner les ordres et les décrets publiés jusqu'à présent contre les royalistes de la Catalogne; qu'il est maintenant tenu par les maçons dans le même état d'oppression auquel l'avaient réduit les constitutionnels. Ainsi, autrefois, disent ils, il avait lancé, à l'instigation des cortès, des décrets fulminans contre ses fidèles sujets; et cependant ces loyaux serviteurs, quoique méconnus et persécutés, composèrent le gouvernement d'Urgel, et l'arrachèrent, malgré lui, de son odieuse captivité. Rétabli sur le trône, il approuva tous les actes de ses fidèles sujets, et leurs prodigua des faveurs et des récompenses, quoiqu'il eût été forcé de les désigner auparavant sous le nom de traîtres : ainsi, disent les rebelles, rien n'est changé; nous essuyons aujourd'hui les mêmes persécutions; vainqueurs demain, nous recevrons les mêmes récompenses. (*Ibid.*)

— « A la nouvelle de l'arrivée du monarque en Catalogne,

la junte de Manreza annonce aussitôt que le jour de la justice a lui pour la cause qu'elle soutient. et une proclamation fait savoir que les griefs des *agraviados* vont être portés au pied du trône pour être soumis à la justice royale. On répand le bruit que le général Romagosa s'est arrêté à l'Hospitalet pour recevoir les ordres du monarque au moment de son passage. Mais le général Campo-Sagrado se met-il en marche avec les autres autorités supérieures de la province pour aller à Tarragone offrir ses hommages au souverain; il est rencontré, non loin de Barcelone, par un parti qui veut l'empêcher de passer outre. Le sang a coulé, dit-on, dans cette circonstance, et l'on ignorait si le voyage n'avait pas dû être suspendu ou dirigé par une autre voie. En un mot, il faut le dire, on ne voit qu'incertitude, faiblesse et découragement d'une part, lorsque la résolution et l'audace sont, de l'autre part, soutenues par un accroissement de forces. » (*Ibid.*)

— S. M. a eu une très-longue conférence avec le général Monet, dont le résultat a été que ce général a montré à S. M. des pièces signées de sa main et par son ministre, qui ont été reconnues fausses par S. M. Malgré les emprunts et les contributions levées dans les pays qui ne sont pas occupés par les *agraviados*, la pénurie d'argent se fait sentir. On est fort embarrassé de pourvoir aux besoins des troupes qui doivent arriver, et dont l'avant-garde est encore à Lérida. Le général Espana et deux colonels sont arrivés à Valence le 25, où ils se sont embarqués pour Barcelone. (*Ibid.*)

— « La Catalogne offre aujourd'hui à l'observateur froid et impartial un spectacle de plus en plus extraordinaire. On a vu d'abord des hommes, poussés en masse vers un but inconnu, prendre les armes, se proclamer seuls et véritables royalistes, demander la liberté du monarque qu'ils disent asservi à une faction toute révolutionnaire, créer un gouvernement, administrer la justice, et lever des impôts avec violence au nom du pouvoir légitime. Un général, un commissaire du roi, apparaît armé de droits extraordinaires; il fait publier une amnistie, une organisation de troupes se prépare pour attaquer et combattre la sédition, qui toutefois dédaigne d'être pardonnée et prend encore un caractère plus hostile. Son attitude semble arrêter aussitôt ses adversaires dès leurs premiers pas.

« En effet, le général Manso borne ses expéditions à des promenades militaires sans résultat. Son collègue, le brigadier Torres, va remplacer le comte de Coupigny dans son gouvernement de Tarragone. De son côté le général Monet retourne par mer à cette place comme il en était parti, et l'on ne sait ce qu'il a fait depuis son départ, et quels sont ses projets. Il y a des troupes disponibles à Tortose, et cependant le col de Balaguer, passage essentiel pour les communications avec Barcelone, reste toujours intercepté. Un enthousiasme sans exemple était né des armemens nouveaux; il se refroidit tout à coup, et la terreur semble succéder à cette ardeur belliqueuse qui se faisait remarquer non sans effroi chez des hommes dévoués à leur patrie. A cette occasion un juste dépit signale à l'opinion publique une accusation terrible contre un ministre du roi. (*Ibid.*)

— La *Gazette universelle de Lyon* annonce, dans sa correspondance particulière de Barcelone, que le bruit court généralement en Catalogne qu'un nouveau corps de 7 à 8,000 hommes de troupes françaises doit y entrer incessamment.

(Rognure du *Courrier français.*)

AFFAIRES DU PORTUGAL.

La situation difficile de l'armée anglaise n'est plus un mystère. Les journaux de la Grande-Bretagne ne parlent que du vœu des troupes pour un prochain retour dans leur patrie, ou de la nécessité de leur donner des renforts.

Le caractère qu'aura la nouvelle réaction ne permet point de doute. Les persécutions ont déjà commencé. La princesse régente les autorise de son nom et de son pouvoir. Pour la cinquième fois en cinq ans, le midi de l'Europe aura vu les trônes se plier à ces directions contraires, poursuivre leurs serviteurs de la veille, imputer à crime la folie d'avoir cru à leurs sermens! Je ne sache point de plus pénibles spectacles. M. de Bonald compte-t-il ces scandales parmi les flétrissures de notre âge, parmi celles que les siècles précédens n'avaient pas inventées? alors je serais prêt à lui rendre les armes.

L'Angleterre prendra-t-elle sa part de ces déplorables erremens? Ses soldats verront-ils, l'arme au bras, l'exil et la mort planer sur les hommes qui se sont confiés en leur assistance, qui ont cru s'assurer l'alliance du peuple anglais en imitant ses institutions et ses maximes? Ce serait une tache éternelle.

Vainement dirait-on que la constitution de Portugal ne fut point l'œuvre de la politique anglaise. L'univers l'a cru; cette opinion a été un moment le levier du cabinet de Saint-James. On en acceptait les bénéfices, il faut en accepter les charges. La renaissance du pouvoir absolu dans cette seconde moitié de la Péninsule, et la proscription des amis du système représentatif, seront comptées au gouvernement britannique comme une faute, un tort, un revers.

Il n'est pas de raisonnemens qui puissent prévaloir contre des impressions qui sont dans tous les esprits et dans tous les cœurs. Que l'Angleterre n'essaie même pas de les détruire; car elles naissent de ce qu'on suppose ses destinées liées désormais à la prospérité de tout ce qu'il y a de tribunes sur la terre.

Il est bien évident en effet que la chute du nouveau gouvernement de Portugal livre la Péninsule tout entière à un même esprit. Cet esprit est-il favorable aux influences anglaises? leur est-il ennemi?

Tout ce qu'on dit du *casus fœderis* sont des subtilités. Il n'y avait pas invasion, il n'y avait que guerre civile. Ou bien il y a invasion encore, car à coup sûr, les réfugiés ne tarderont pas à se montrer en armes, et ces armes qui les leur a données?

L'Angleterre doit au moins à sa gloire de protéger dans leurs biens et dans leur vie ceux qui ont cru que l'intervention de sir Charles Stuart était un manifeste, que les drapeaux britanniques étaient des remparts; elle le doit aux intérêts de la royauté, cette autre cause qu'il lui sera beau de servir en de telles conjonctures. Si une révolution toute royale est châtiée aussi rudement que les révolutions populaires ou armées, que penseront les peuples? Que penseront-ils si, en voyant comme la nôtre a été amnistiée parce qu'elle fut puissante autant que cruelle, ils voient sans cesse tomber sous la hache vengeresse celles qui respectent le pouvoir et la vie des rois? Il n'y aurait pas de moralité à multiplier les exemples de ces contrastes; il n'y aurait pas de prudence. »

— On écrit de Vienne, 2 octobre : « S. A. R, l'infant D. Miguel quittera Vienne dans le courant de cette semaine, pour se rendre à Libonne par Paris et Brest. « (*Gazette d'Augsbourg.*)

(Rognure *du Journal des Débats.*)

Lisbonne, 24 septembre. La terreur est à l'ordre du jour; la consternation est générale.

(Rognures du *Constitutionnel* et du *Journal des Débats.*)

— A l'exemple de ce qui est arrivé en France aux époques désastreuses de 93 et 94, les parens et les amis s'abordent dans les rues en disant : « Je vous félicite de n'avoir pas » encore été traîné dans les cachots pour prix de votre fi- » délité au roi et de votre dévouement aux intérêts de la » patrie. » Voilà le triste prélude de l'avenir que l'on préparerait au Portugal. Si Silveira triomphait au 25 octobre !! La volonté du prince serait impuissante pour maîtriser une irruption sanglante, dont on remarque déjà les symptômes menaçans..... (*Ibid.*)

— M. Paolo Midosi est un homme aimable, sage et de beaucoup d'esprit; il s'est distingué comme littérateur. M. Garrett, avocat, est l'auteur de plusieurs ouvrages de poésie, tels que *le Portrait de Vénus*, qu'il a publié lors de son séjour à Paris; le poème de *Camoens*, ou *la Luziade*; le *Parnasse portugais*, la tragédie de *Caton*, etc. La princesse-régente a fait adresser, il y a peu de mois, à ce dernier, un diplôme très-flatteur pour ses productions littéraires. Ils sont tous arrêtés. Il est juste de faire remarquer ici que le journal *O Portuguez*, qu'ils rédigeaient, a été constamment rédigé dans le meilleur esprit, avec beaucoup de prudence, de réserve et de modération. La circonspection que les rédacteurs n'ont jamais cessé de prendre pour guide, ressemblait même quelquefois à la timidité; on sait que l'habitude d'un long esclavage laisse des traces sur les esprits les plus indépendans. Une conduite aussi circonspecte méritait sans doute des ménagemens; mais, au contraire, elle a servi de prétexte aux virulentes déclamations du moine Macedo, dont la voix impure et qui ne cesse de solliciter des vengeances, des arrestations et des supplices, n'a été que trop bien entendue par la police. Le vénérable archevêque d'Elvas, pair du royaume, le comte de Cunha, son collègue, et plusieurs autres membres des deux chambres, sont également menacés d'arrestations pour la même cause, que la perfidie appelle cause *républicaine*, parce qu'aujourd'hui, de même qu'en 1824, la secte absolutiste, comptant sur le succès, a fait publier des proclamations incendiaires pour en faire tomber l'odieux sur les personnes qui en seraient les victimes, et que l'on a d'avance dévouées à la mort. Ces menaces paraissent d'ailleurs avoir pour objet d'inspirer des craintes générales, afin de provoquer de nombreuses émigrations pour les pays étrangers. Il est essentiel de se rappeler à cet égard que le personnel de la magistrature portugaise est encore composé tel qu'il était sous le pouvoir absolu, au moment de la réaction de 1823.

(Rognure du *Constitutionnel.*)

— Les anciennes lois pénales du pouvoir absolu n'ont pas encore été modifiées en Portugal.

On a fait la remarque que l'on vient de faire remonter le

Tage, pour les rapprocher du centre de la ville, aux navires de guerre portugais qui étaient à l'ancre près de Bélem. La position qu'ils occupent actuellement domine les places *dos Romulares*, et du Commerce (*Ferreiro do Paço*), et leur artillerie pourrait au besoin balayer les deux grandes rues parallèles, les rues Aurea et Augusta, qui aboutissent aux places du Rocio et du Commerce.

Un pareil état de choses rappelle la catastrophe de Naples, de 1800, lorsque l'amiral Nelson laissa sacrifier sous ses yeux l'infortuné et illustre amiral Caraccioli, qu'il pouvait et devait sauver de la fureur des factions. Des phrases équivoques de tribunes telles que « liberté civile et religieuse pour tous les peuples, » sont remplacées par des réalitées bien contraires en Portugal, pays dans lequel on devrait en faire franchement l'application pratique. Peut être l'imagination des Portugais, effrayée de l'avenir, rembrunit-elle trop le tableau de leur situation politique; mais quand bien même on serait fondé à dire que ces alarmes sont exagérées, on ne devrait pas moins chercher à calmer des craintes qui détruisent la confiance et compromettent les intérêts de l'état. Des antécédens connus de tout le monde, imposent ce devoir au cabinet de Saint-James, en supposant même que les derniers résultats dussent être entièrement contraires aux apparences du jour. (*Ibid.*)

—Retour qui est regardé par les coopérateurs de la faction Sylveira comme synonyme de l'usurpation du trône et de l'acclamation immédiate d'un nouveau *roi absolu*, acclamation que les troupes anglaises ne sauraient éviter. (*Ibid.*)

— Il circule à l'égard de ces visites des anecdotes piquantes : on dit qu'une vieille *fidalga* est entrée d'un air de triomphe chez la reine, en s'écriant à plusieurs reprises : « *Alleluia, alleluia! — Te Deum laudamus*, etc.

(*Ibid.*)

— M. Recacho, auteur des circulaires de police contenant des mesures acerbes contre les constitutionnels, qui ont été constamment en butte à des dispositions très-sévères de sa part, et qui, de leur côté, le regardaient avec raison comme un obstacle plus redoutable que M. Calomarde lui-même; M. Recacho, responsable aux yeux de la nation de l'assassinat juridique des francs-maçons de Grenade, en

1825, et de l'exécution barbare de l'illustre et infortuné général l'Empécinado, dont la mort a servi d'hécatombe aux mânes de Bessières, a été au moment d'être sacrifié par cette faction apostolique dont il a beaucoup favorisé indirectement les projets funestes. Les nombreux réfugiés espagnols qui sont dans cette capitale ont respecté son malheur, et n'ont vu en lui qu'un nouveau compagnon de disgrâce. (*Ibid.*)

— Le même numéro de la Gazette public deux ordres du minsstre des finances, destinés à entretenir une trompeuse illusion sur la conservation du régime constitutionnel, et dont le but évident est de prévenir la possibilité de toute espèce de résistance, au moment même où la désertion en Espagne, pour y attendre l'arrivée de don Miguel Ier, *roi absolu*, est provoquée de toute part, et est devenue presque générale sur tous les points du royaume. La troupe, se croyant abandonnée par don Pedro IV, cherche naturellement à se faire un mérite auprès du nouveau souverain. Les drapeaux qui appartenaient naguère à la rebellion, servent donc maintenant de point de ralliement à une fidélité nouvelle.

(*Ibid.*)

— Jamais on n'a vu tant de soldats employés pour arrêter de grands criminels; mais ces hommes d'état se sont permis de défendre la charte! (*Ibid.*)

Lisbonne, 26 *septembre*. Le gouvernement n'a fait aucune autre publication officielle au sujet de la nomination de l'infant don Miguel, postérieurement à l'avis inséré dans la gazette de samedi 22.

Déjà dans la ville d'Abrantès les partis en sont, assure-t on, venus aux mains, et la désertion des troupes pour l'Espagne s'opère par masses sur tous les points du royaume. Les soldats et le peuple n'entendent rien aux idées complexes qui se rattachent aux intrigues de la diplomatie. Une pensée simple les dirige. Le nom de don Miguel est à leurs yeux synonyme de *roi absolu*, comme celui de don Pedro IV leur paraît indiquer un *roi constitutionnel*. Un voyage en Espagne pour se rallier à l'étendard que les rebelles portugais y ont planté en faveur de don Miguel Ier, doit nécessairement paraître aux uns un devoir, et aux autres un calcul d'ambition ou de cupidité.

Le ministère, justement aussi alarmé d'une situation aussi

effrayante qu'il a provoquée lui-même par son imprévoyance, a fait publier ce matin deux décrets tardifs, destinés à appuyer les mesures militaires ordonnées par les autres décrets du ministre de la guerre.

Le moine Macedo a publié ce matin son cahier ou sa lettre n° 23, destinée à provoquer des *rigueurs salutaires* contre les prisonniers d'état et les autres personnes dont il sollicite cruellement et sans pudeur l'arrestation. Cette lettre, imprimée comme les autres à l'imprimerie royale, a été recommandée par la *Gazette officielle*, dans son numéro d'aujourd'hui, à ses lecteurs. Le moine Macedo est-il par hasard l'interprète public de la pensée du gouvernement? Alors on devrait être épouvanté de lire la phrase suivante dans son numéro 22 : « *Esmaguen os povos estraracca de viboras* ! (Que les peuples écrasent cette race de *vipères* ! — Les maçons ou les républicains.) » Cette menace effrayante rappelle le fameux *Débarrassons nous d'eux* du mandement patriarcal du 30 avril 1824.

Les rédacteurs du journal *O Portuguez* ont été séparés dans des prisons différentes. L'aspect menaçant que prennent les affaires frappe les esprits. On se rappelle avec inquiétude que c'est également dans un mois d'*octobre* (1817, 18 octobre), que l'infortuné général Gomez Freire et ses douze compagnons ont été pendus à Lisbonne, leurs corps brûlés et les cendres jetées à la mer. A cette époque, comme à présent, le roi était au Brésil, le royaume était gouverné par une régence, et le maréchal Béresford était à la tête du gouvernement.

Le bruit court que les comtes de Linhares et de Taipa, le marquis de la Fronteira, des pairs du royaume et autres fidalgos qui ont porté les armes contre les rebelles, ou qui se sont prononcés contre eux à la tribune, demandent des passeports pour aller voyager dans les pays étrangers. Ils n'auraient peut être pas à redouter les mesures du gouvernement ou de la police; mais obligés, par leur rang, à se présenter à la cour, ils peuvent conserver le souvenir de ce qui est arrivé, en 1823, au vieux général comte de Sampayo.

Le duc de Lafoens, mécontent de l'accueil qu'il a reçu à la cour de Rio-Janeiro, lorsqu'il s'y est rendu l'année dernière, chargé d'une mission peu libérale, s'est empressé de faire illuminer son palais et ses jardins le soir du jour où l'on a publié l'avis ministériel relatif à la nomination de l'infant don Miguel. *(Ibid.)*

— On cite déjà un grand nombre de personnes du plus haut rang qui, seulement sur les bruits du retour de don Miguel, ont pris des passe-ports pour l'étranger. Avant-hier, le baron de Renduff est parti pour Bruxelles. Lors de la contre-révolution en 1823, il joua un grand rôle et suivit exactement les instructions de l'infant don Miguel ; ce fut pour reconnaître ses services que le jeune prince, à force de sollicitations, le fit nommer intendant-général de la police; mais lorsque l'infant méconnut l'autorité de son père, M. Renduff embrassa le parti de celui-ci, et fut même obligé de se cacher jusqu'au départ de son ancien protecteur. Ce fut à cette époque que le feu roi le nomma baron, et on le vit alors poursuivre avec sévérité tous ceux qui avaient trempé dans la conspiration de l'infant. Aujourd'hui, une sage prévoyance l'a engagé à quitter le Portugal, et sous peu de jours son exemple aura trouvé de nombreux imitateurs. Le comte de Pezatti, pair du royaume, va partir pour Rome. Le bruit court aussi que le comte de Villa-Flor se propose de passer en France.

Les arrestations sont nombreuses. On dit que tous les censeurs des journaux libéraux vont être arrêtés incessamment.

La nouvelle de l'arrivée de l'infant don Miguel a produit beaucoup d'effet sur les émigrés espagnols. Les dépôts de Lisbonne et de Cascaes s'affaiblissent par de fortes désertions. On compte jusqu'à vingt déserteurs par jour, et tous se dirigent sur les frontières. M. Roll, lieutenant de cavalerie, en a réuni une soixantaine et s'est avancé sur le territoire espagnol. Du côté de Castel-Branco, M. Asensi a franchi aussi les frontières à la tête d'un détachement de cent hommes; c'est la troisième fois qu'il entre en Espagne : lors de sa deuxième expédition, il arriva jusqu'à Ceclavin, où, après avoir détourné les volontaires royalistes, il exigea une contribution de 3000 piastres (15,000 francs). Rentré en Portugal, il passa l'été dans les montagnes de Penamacor, où il a organisé sa troupe. Tous ces mouvemens sont combinés entre eux, et peuvent avoir des résultats importans si ces hommes au désespoir parviennent à faire une diversion aux troubles de la Catalogne. *(Ibid.)*

— La nouvelle de la prochaine arrivée de l'infant don Miguel a produit beaucoup d'effet parmi les émigrés espagnols : les soldats des dépôts de cette capitale et de Cascaes désertent au nombre de quinze ou vingt par jour, et ils se dirigent vers les frontières. M. Roll, lieutenant de cavalerie, a réuni une bande d'une soixantaine de ces soldats, et a pénétré avec eux sur le territoire espagnol. M. Asensi, un autre lieutenant, vient de faire une incursion du côté de Castello-Branco avec une centaine de ces réfugiés ; c'est la troisième fois que cet officier entre en Espagne. Lors de sa seconde expédition il arriva jusqu'à Ceclavin, désarma les volontaires royalistes, et exigea une contribution de trois mille piastres (quinze mille francs) ; il rentra ensuite en Portugal, et il a passé l'été dans les montagnes de Penamacor, où il a instruit et parfaitement équipé sa troupe. Tous ces mouvemens, et d'autres que prépare, dit-on, le reste des déserteurs, paraissent avoir été combinés, et il n'est pas facile de prévoir où s'arrêteront les entreprises téméraires de ces hommes réduits au désespoir ; ce qui a porté l'exaspération parmi eux, c'est le bruit qu'on a répandu que lors de l'arrivée de l'infant don Miguel en Portugal, ils seraient livrés au gouvernement espagnol ; dans cette position critique, disent-ils, nous nous y rendrons volontairement pour y périr les armes à la main.

(Rognure du *Courrier français.*)

GUERRE D'ALGER.

Le ministère a publié enfin le premier bulletin de notre campagne d'Alger. M. de Bonald pense-t-il que cette expédition nous couvre jusqu'ici de tant de gloire, qu'il y eût inconvénient à laisser la France nourrir l'espoir de la paix?

— Une lettre de Marseille, publiée par *le Précurseur*, s'exprime ainsi :

« On a toujours espoir que la guerre avec Alger sera terminée dans le courant du mois. M. Duval, qui était le plus grand obstacle pour aplanir les difficultés, a fini sa quarantaine à Toulon, et partira incessamment pour Paris ; il y a tout lieu de croire que *sa conduite sera appréciée*, et que le gouvernement, bien informé sur tout ce qui s'est passé *à la liquidation des sept millions de francs*, fera la paix, et ne s'immiscera plus dans les querelles particulières et fiscales que le dey peut avoir avec S. S., et que dorénavant le consul général de France ne sera chargé que des affaires de S. M. T. C. *seulement*. Les mauvais temps et les coups de vent ne peuvent que favoriser les corsaires en dispersant les convois, et en faisant éprouver aux bâtimens des avaries qui les empêchent de suivre les bâtimens de guerre. »

(Rognure du *Constitutionnel.*)

AFFAIRES DE LA GRÈCE.

Ici encore, le monde se demandait : Que feront-ils? *Le Moniteur* vient de répondre, et le comte Capo-d'Istrias se dispose à partir pour se mettre à la tête de sa magnifique mission ; il part plein d'espoir. Puissent ses espérances être aussi légitimes que celles qu'on aime à placer en lui !

DISCUSSION DES JOURNAUX. L'Europe s'est indignée. Est-ce cette indignation qu'on attendait pour donner de l'à propos à la mesure?

— *Le Moniteur* nous permettra de lui répondre qu'il est petit, ridicule, de ne pas avouer ce qui est visible.

— S'il est vrai que le cœur est quelquefois plus habile que l'esprit, les libéraux ont, cette fois, mieux raisonné que les cabinets.

— Les puissances ont hésité long-temps à suivre ces sages avis; et, en vérité, les motifs de cette hésitation étaient petits. Ne pas se mêler des affaires de la Grèce, parce que sa résistance héroïque ressemblait à l'insurrection, parce que la souveraineté turque ressemblait à la légitimité, parce que les libéraux faisaient chorus avec les victimes, n'était pas digne.

— Cette politique est fort raisonnable, elle n'est que tardive ; elle réussira probablement si on n'hésite pas, si on ne mollit pas, si on sait exécuter complètement ce qu'on a projeté, si on ne souffre pas que la flotte égyptienne aille détruire la Grèce derrière toutes les flottes européennes, et achever d'égorger la population, tandis que les ambassadeurs des puissances demanderont en vain la vie pour elle. Ce serait en effet une cruelle dérision si, tandis que nos escadres mouilleront dans les eaux de Constantinople, pour obtenir le salut de la Grèce, on continuait à la ravager encore! Le grand-seigneur n'aurait qu'à se laisser bloquer tranquillement, puisque dans l'intervalle on détruirait l'objet en litige, en égorgeant jusqu'au dernier des Grecs. Et il faut le dire, si les puissances ont échappé à la responsabilité en alléguant la neutralité, elles ne le pourraient plus, aujourd'hui que la neutralité est rompue, aujourd'hui qu'elles ont couvert de leur pavillon le cadavre de la malheureuse Grèce. Maintenant cette Grèce expirante s'est réfugiée sous leur épée, c'est à leurs pieds qu'on l'égorge, et elles seraient outragées si elles souffraient que l'assassinat fût consommé sous leurs yeux.

(Rognures du *Constitutionnel.*)

FAITS, *Constantinople*, 6 *septembre.* — La Porte refuse même de prêter l'oreille à d'autres propositions.

(*Gazette d'Augsbourg.*)

Du 15. — On doit avoir insinué à l'ambassadeur anglais la nécessité de prolonger autant que possible le délai qu'on devait accorder à la Porte pour l'acceptation ou le rejet de la médiation. Mais la déclaration du 16 août était déjà remise, de sorte que l'arrivée du courrier n'a pu être suivie d'aucun résultat à cet égard. (*Ibid.*)

Du 15. — Des nouvelles d'Alexandrie, du 8 août, donnent à entendre que plusieurs agens français qui sont dans cette ville s'occupent de projets de cette nature.

Plusieurs bâtimens de guerre anglais qui sont maintenant à Alexandrie, où ils ont transporté des agens, appuieraient probablement la politique française. (*Ibid.*)

— Il en résulte que le traité du 6 juillet n'est pas aussi redouté par la Porte qu'on devait s'y attendre; elle donne même clairement à entendre qu'elle compte sur les dissensions entre les puissances, et jusqu'à ce moment elle ne croit pas à l'exécution des mesures arrêtées; aussi regarde-t-elle comme une simple démonstration les préparatifs de départ des ambassadeurs et des sujets européens; et plus ces ambassadeurs font semblant d'être sérieux dans leurs menaces, plus la Porte montre de fermeté dans le système qu'elle a adopté. Cependant beaucoup d'habitans de Péra regardent comme un fait positif, malgré tous les préparatifs militaires de la Porte, que si l'on en venait aux mains, cette puissance ne pourrait nulle part opposer une résistance sérieuse.

(Rognure du *Constitutionnel*)

Constantinople, 17 *sepembre* La convention du 6 juillet est connue de tous les Musulmans depuis le 31 août, et a causé une grande fermentation parmi eux. Nous ne sommes pas sans craintes : les dispositions de la Porte prouvent qu'elle est résolue à ne pas céder, mais aussi à ne pas tirer le premier coup de canon. Néanmoins les premières hostilités dans l'Archipel seraient suivies de la guerre, que la Porte ne semble pas redouter. Elle ne cesse de parler de l'injustice de l'intervention, et elle tâche de la dépeindre aux Musulmans comme subversive de l'islamisme et du trône des califes. Cette manière d'envisager la question augmente les inquiétudes des sujets des trois puissances, qui assiégent les hôtels de leurs ambassadeurs pour chercher des instructions ou des consolations; mais les ambassadeurs eux-mêmes sont si peu rassurés sur l'avenir, qu'ils ont déclaré à leurs compatriotes qu'il se pourrait qu'ils quittassent dans peu la capitale, et que les négocians feraient bien de prendre toutes leurs précautions pour le cas éventuel d'une guerre. Les trois ambassadeurs ont déjà frété des bâtimens pour le départ de leurs compatriotes et d'eux-mêmes, et ces bâtimens sont prêts à mettre à la voile. La terreur est très-grande à Péra.

(Rognure du *Journal des Débats.*)

— «Quoique les ambassadeurs des trois grandes puissances considèrent comme rompues les négociations relatives à la pacification de la Grèce, on voit cependant leurs drogmans se rendre de temps à autre chez le reiss-effendi. On conclut de là qu'ils ont encore des instructions supplémentaires à communiquer, et qu'on les écoute malgré le refus de la Porte de recevoir sur cette question aucune ouverture nouvelle.

» Nous avons reçu des nouvelles de Constantinople jusqu'au 18 septembre. Elles annoncent que les préparatifs de départ pour les ambassadeurs étrangers et les sujets respectifs de leur nation étaient terminés, et que les bâtimens loués dans ce but étaient déjà chargés d'effets. La capitale continue à jouir d'une parfaite tranquillité, et plusieurs négocians anglais et français paraissent même déterminés à se placer, en cas d'une rupture, sous la protection de l'internonce autrichien, M. d'Ottenfels. L'attitude de ce ministre est considérée comme très-favorable aux intérêts des Francs.

(Ibid.)

Constantinople, 17 *septembre.* La terreur est bien grande parmi les sujets des trois puissances médiatrices, Chacun s'empresse de liquider ses affaires et de mettre sa propriété en sûreté. Les ambassadeurs ont pris les mesures nécessaires pour leur fournir des moyens de départ en cas de nécessité. Le gouvernement turc ne néglige rien pour accorder aide et protection à tous les étrangers; il a donné les instructions les plus rigoureuses pour maintenir l'ordre dans la capitale, et il a fait augmenter le nombre des troupes stationnées dans le quartier des Francs; il y a même organisé une police séparée et nommé un intendant. En même temps, il pousse avec activité la formation de nouvelles troupes, il envoie de nombreux renforts aux châteaux du Bosphore et des Dardanelles, et il y fait construire de nouvelles fortifications. Hussein-Pacha, qui a son quartier général à Tenikoi, commande les troupes et en fait exercer un grand nombre pour faire le service de canonniers gardes-côtes. L'île de Ténédos, à l'entrée de l'Hellespont, a été garnie de redoutes et d'un fort. On aurait cru que l'ennemi était devant les portes. Malgré tout cela, la Porte ne met aucun obstacle aux communications des ministres européens avec leurs escadres; des bâtimens chargés de dépêches vont tous les jours à Smyrne et en reviennent. Le Grand-Seigneur met une espèce d'affectation à montrer du mépris pour les démarches des trois ministres. Il a ordonné de nettoyer et de meubler les chambres dans les Sept-Tours, et il a adressé un hattishérif au divan, dans lequel il blâme sa tiédeur, et déclare qu'il regardera les amis de la paix comme amis des infidèles; il blâme aussi le reiseffendi d'avoir reçu les communications des ministres du 16 et du 31 août, et lui enjoint avec menaces de ne plus commettre une pareille faute. Le gouverneur d'Alep, Jussuf-Pacha, a été destitué et remplacé par l'ex-grand-visir Reschid-Pacha.

(Rognure du *Journal des Débats.*)

AFFAIRES DE L'AMÉRIQUE.

M. de Bonald assure, dans son pamphlet contre le genre humain, que la censure laisse passer tout ce qui concerne les bateaux à vapeur. Nous ne savons pas si la plaisanterie est bien gaie; mais on va voir qu'elle porte à faux.

— L'établissement de paquebots ou *packets*, annoncé par le traité de commerce entre la France et le Brésil, n'aura sans doute lieu que dans quelques années. Aucune disposition ne fait présager en France une plus prompte installation. Douze années de paix entre les deux nations se sont écoulées avant qu'on songeât à faire un traité; le même laps de temps sera sans doute nécessaire pour son entière exécution : ainsi nous pouvons nous réjouir d'avance de voir un quart de siècle employé à éclaircir des doutes et à interpréter des articles, pour obtenir un résultat positif dont probablement à la fin de ce siècle nos petits-neveux tireront profit.

(Rognures des *Débats* et du *Courrier français.*)

La nouvelle qui suit avait de l'importance ; même fausse, elle méritait d'être connue.

— *Madrid*, 2 *octobre*. (Correspondance particulière.) La pièce suivante a été répandue depuis avant-hier dans ceux de nos cercles qui sont fréquentés par des personnes exerçant directement ou indirectement quelque influence sur les affaires publiques. Si, comme quelques personnes paraissent le croire, ce document est apocryphe, l'affectation du gouvernement espagnol à le laisser circuler n'en est pas moins digne de remarque. En voici la traduction littérale :

« Art. 1er. L'Espagne reconnaît l'indépendance des républiques de Colombie, du Pérou, du Chili, de Buénos-Ayres, du Paraguay et des États-unis mexicains.

« 2. Ces divers états paieront à l'Espagne, pendant douze ans, un tribut annuel de douze millions de piastres fortes, et à dater de l'expiration de ces douze années, un tribut perpétuel de 500,000 piastres fortes.

« 3. Pendant les six premières années, les douze millions de piastres fortes seront reçus au port de Cadix par trois commissaires, l'un espagnol, l'autre français et l'autre anglais. Ces deux derniers remettront six millions de piastres au commissaire espagnol, et garderont une somme égale qui servira au remboursement des sommes que l'Espagne doit à leurs gouvernemens respectifs; et si ces sommes étaient remboursées par l'Espagne, de quelque manière que ce soit, avant l'expiration des six années, le commissaire anglais et le commissaire français quitteraient Cadix, auquel cas les douze millions de piastres seront reçus directement et intégralement par le gouvernement espagnol.

« 4. Les gouvernemens de S. M. T. C. et de S. M. B. se rendent garans de l'exécution de l'article précédent de la part des nouvelles républiques américaines.

« 5. Les nouveaux états américains accorderont aux bâtimens et au commerce espagnols des avantages plus considérables qu'à ceux de toute autre nation.

« 6. L'Angleterre et la France garantissent à l'Espagne la possession sûre et tranquille de toutes ses colonies actuelles.

« 7. L'Angleterre, la France, et le Portugal uni à ces trois puissances pour cet article et les suivans, s'engagent à maintenir la forme actuelle du gouvernement espagnol et du gouvernement portugais.

« 8. Au cas où l'Espagne tenterait de changer la forme actuelle du gouvernement portugais, une armée confédérée anglaise et française envahirait l'Espagne; et, au cas où le Portugal ferait la même tentative sur l'Espagne, une armée des deux nations sus-désignées envahirait le Portugal.

« 9 et dernier. Le gouvernement français et le gouvernement anglais retireront leurs troupes respectives, celui-là de l'Espagne, celui-ci du Portugal, dans le délai de six mois, à dater du jour de la ratification du présent traité.

« Fait quadruple à Londres, le 23 août de l'an de grâce 1827, et signé par les plénipotentiaires sus-nommés: Comte d'Ofalia, comte Dudley and Ward, comte de Polignac, et comte de Palmella.. »

Il paraît que c'est le 21 septembre, veille de son départ, que le roi d'Espagne a signé l'échange des ratifications de cet important traité. C'est l'acceptation de ce traité qui a décidé le gouvernement espagnol à dissoudre son armée d'observation du Tage.

FAITS DIVERS.

SAXE. — *Gœthen, 27 septembre.* Le duc a rendu le 21 août dernier une ordonnance relative aux femmes non mariées qui vivent en concubinage, et donnent ainsi un exemple pernicieux qui ne peut qu'augmenter la corruption des mœurs. Il est en conséquence défendu, sous des peines sévères, à tous propriétaires ou logeurs de recevoir chez eux une fille de la campagne, ou qui ne soit pas de la ville, sans en prévenir la police. La police est chargée de veiller avec la plus grande sévérité à ce que personne ne contrevienne à ces ordres, et à séparer aussitôt les personnes de sexe différent qui vivent ensemble en concubinage. Elles seront punies chacune d'un emprisonnement de huit jours ou d'une amende; quant à ceux qui appartiennent à l'état militaire, il sera fait rapport à leurs chefs.

(Rognure du *Courrier français.*)

BAVIÈRE. Notre monarque chéri vient de donner une preuve très éclatante de sa manière de penser en matière religieuse, et qui doit beaucoup abattre les espérances audacieuses de ceux qui, en confondant la véritable dévotion avec le fanatisme apostolique, s'étaient flattés trop prématurément d'entraîner ce souverain dans leurs projets pernicieux. Un prêtre catholique, M. Fischer, professeur au lycée de Landshush, ayant passé au sein de l'église protestante, S. M. n'a pas voulu que cet acte de pure conscience encourût des conséquences temporelles au préjudice de M. Fischer; il a désiré que ce savant directeur continuât à se rendre utile à l'instruction publique; et à cet effet, le roi a ordonné qu'il fût transféré à un collége protestant, avec le rang et les émolumens dont il jouissait précédemment dans la place qu'il occupait au lycée de Landshush. (*Ibid.*)

STRASBROURG. M. Benjamin Constant est arrivé le 2 de ce mois, dans la matinée, à Strasbourg. Le *Courrier du*

Bas-Rhin nous donne, sur la réception faite à l'honorable député, les détails dont nous présentons l'ensemble :

« Sa voiture était accompagnée de plusieurs personnes à cheval et en voiture, parmi lesquelles on remarquait un officier supérieur en retraite. Ces personnes étaient allées à deux lieues de la ville à sa rencontre. A quatre heures, il s'est rendu à l'hôtel du *Miroir*, dont les belles salles avaient été décorées. Pendant le repas, une société d'amateurs a exécuté quelques beaux morceaux d'harmonie. Au commencement du dessert, un des convives s'est levé et a porté la santé du Roi ; ce toast a été couvert de vivat et d'applaudissemens. Un honorable officier général a ensuite porté à M. Benjamin Constant un toast, auquel celui-ci a répondu par une brillante improvisation que l'assemblée a couverte d'applaudissemens et des cris unanimes de *vive la charte ! vive Benjamin Constant !* Plusieurs toasts ont encore été portés; tous respiraient la plus profonde reconnaissance pour les défenseurs de nos libertés. Vers huit heures, M. Benjamin Constant s'est retiré, et a été reconduit à son hôtel par quelques-uns des convives ; d'autres l'ont suivi, et lui ont présenté une couronne civique.

« Cette réunion était composée de négocians, de commerçans, d'anciens officiers, de membres du barreau, de médecins, de propriétaires, tous électeurs ou habitans de Strasbourg, et qui, malgré la diversité de leurs professions, sont en relations journalières d'affaires ou d'amitié. C'était un repas d'amis et de frères. Cette diversité de classes même donnait un intérêt tout particulier à la fête ; elle montrait quel esprit de concorde et d'affection, quelle unité de sentimens règnent entre les différentes parties de la population strasbourgeoise. L'ordre le plus parfait n'a cessé de régner pendant tout le temps qu'a duré le banquet, et vers neuf heures, chacun s'est retiré, regrettant que ces nobles fêtes, où toutes les classes de citoyens fraternisent entre elles, et où les ames se pénètrent plus vivement d'amour pour la patrie et pour les institutions qui unissent le trône et la nation, ne se répétassent pas plus souvent. »

(Rognure du *Constitutionnel.*)

CLERMONT-FERRAND. — A son passage à Clermont-Ferrand, M. Georges Lafayette fut invité à un banquet. Le nombre des convives engagea M. Rodde, fermier de la halle aux toiles, à choisir l'emplacement de cette halle pour le lieu de la réunion. Mais n'ayant pas pris préalablement le consentement du corps municipal, l'autorité envoya un piquet de gendarmes et des troupes de ligne pour s'emparer de cette salle. Ce contre-temps n'empêcha cependant pas le banquet d'avoir lieu, MM. Collonge Bonarme et Sambucy, premier banquiers de la ville, ayant offert leur maison pour la réception de la compagnie.

(Rognure du *Courrier français*.)

SAINT-SAUVAN. Les habitans de Saint-Sauvan, près Poitiers, sont dans un usage immémorial de fêter la clôture de leurs moissons, en parcourant les rues au son de la corne, et en offrant du vin à tous ceux qu'ils rencontrent, sans distinction.

Or, il est arrivé que, le 3 août dernier, un métayer de M. P..... avait fini ses moissons, et qu'il vint avec ses moissonneurs à Saint-Sauvan, cornant, chantant et offrant à boire suivant l'usage; sa brigade passe sous les halles, où elle rencontre M. le curé, ce qui ne l'empêche pas de corner et d'offrir à la ronde le vin du banquet général, comme on venait de le faire à l'adjoint un instant avant. Le pasteur est effrayé de ce désordre de son troupeau; il se bouche les oreilles, se refuse à participer au banquet commun, et se sauve: il croit avoir été outragé, en raison de sa qualité; il se retire chez M. le maire, et celui-ci rédige sa plainte contre la bande joyeuse, qui ne s'attendait pas qu'une si belle journée finirait par un procès-verbal. Par cet acte du 28 août dernier, le maire de Saint-Sauvan rend compte au procureur du roi d'un outrage public commis le 3 du même mois, envers le curé de cette commune, par les sieurs Treuil et autres, qui l'avaient abordé en soufflant dans une corne, et lui offrant du vin dans un vase.

Les prévenus ayant comparu, sur citation de M. le procureur du roi, à l'audience du 28 septembre dernier, M. le substitut a exposé les faits, et, les témoins et les prévenu entendus, il a conclu à ce que, par application de l'art. 6 de la loi du 23 mars 1822, ces derniers fussent condamnés à quinze jours d'emprisonnement, chacun à 100 fr. d'amende et aux dépens.

Le tribunal a prononcé en ces termes:

Considérant que Treuil et autres sont traduits devant le

tribunal sous la prévention d'avoir outragé publiquement, en raison de sa qualité, M. Bonnet, curé de Saint-Sauvant, en allant corner à ses oreilles, et lui avoir offert du vin dans une tasse; considérant qu'il ne résulte pas de l'enquête qui vient d'avoir lieu à l'audience, que les prévenus aient commis ce délit;

Le tribunal renvoie les parties de la plainte et conclusions dirigées contre elles, sans dépens.

(Rognures du *Journal des Débats.*)

— M. Cardon, éditeur responsable du *Journal du Commerce*, et M. Maurice Descombes, propriétaire du *Courrier des Théâtres*, prévenus de contravention aux lois sur la censure, avaient obtenu, vendredi dernier, la remise de leur cause à huitaine, afin de pouvoir fournir diverses explications. Aujourd'hui, à l'ouverture de l'audience, sur la demande de M. Levasseur, avocat du roi, les deux affaires ont été de nouveau ajournées à huitaine. (*Ibid.*)

Les débats du procès sur la relation des funérailles de M. Manuel ont paru. Tout le monde voudra les lire.

DÉCISION DU CONSEIL D'ETAT.

J'ai à mettre en lumière un grand nombre de faits relatifs aux élections. Mais l'improbité ministérielle sera le sujet d'un écrit à part.

Le scandale des conflits a produit une impression profonde. Quelques écrivains ont voulu traiter les questions de droit qui s'y rattachent. Ils ne l'ont pu. Les imprimeurs et, comme on me l'écrit, les ministres de la presse se refusent à prêter leur concours aux écrivains qui se dévouent à discuter les matières politiques. Voilà ce qui plaît à M. de Bonald, voilà l'esclavage préventif.

Sans doute le noble pair, si ces faits lui étaient connus, se prendrait à sourire. On sait son argument : Vous vous plaignez de la servitude de la presse ; voyez les brochures. Il me dirait : Vous vous plaignez qu'on ne puisse écrire, et c'est la presse qui ébruite vos doléances !

La vérité est que si les imprimeurs ne trouvent point des garanties dans un nom déjà connu, dans une réputation toute faite de dévouement à la monarchie et de loyauté personnelle, ils se refusent à un combat où il ne va pour eux de rien moins que de la vie. De là résulte que quiconque n'a point commencé à écrire sous les ministères précédens n'écrira point ; les générations à venir écriront sur les machines à vapeur. Elles ne flétriront pas les atrocités oratoires, la servilité hautaine, l'ambition cupide et dogmatique, la fausseté de l'esprit, les sophismes du cœur !

M. Randouin, auquel on a dû un excellent écrit sur les devoirs des électeurs envers leur pays, me fait l'honneur de m'adresser une dissertation sur les derniers conflits qu'il n'a pu parvenir à publier. On y trouve peu de goût pour le ministère, mais beaucoup de respect pour les lois. Il est triste de penser que nous vivons dans un pays où de telles questions ne peuvent être librement débattues. M. de Bonald a beau dire : Ceci n'est pas dans les promesses de Saint-Ouen.

Je crains de revenir sur un sujet que j'ai déjà épuisé par le secours des journaux, c'est-à-dire de la censure. Je ne transcrirai donc point l'écrit de M. Randouin. Mais les considérations de droits étant développées avec science et talent, je regrette fort qu'il n'ait pu voir le jour.

Voici un argument qui, sans être pris dans les questions de droit, ne manquait pourtant pas de valeur :

« Si M. de Villèle disait à son caissier : à défaut « d'argent, vous paierez en or les gages des gens de « la censure, ne serait-il pas évident qu'il s'agit « d'argent monnayé, et que le caissier serait mal « venu du ministre s'il ne recourait aux monnaies « d'or qu'après avoir porté au bureau de censure la « vaisselle plate de Son Excellence. Ceci n'a pas « besoin de commentaire. »

On comprend que la censure achève d'assurer aux conflits l'inviolabilité que leur donnent les légitimes terreurs de l'imprimerie.

— Le conseil d'état a commis une double erreur. La première en ce qu'il a retenu la connaissance d'une question qui n'était pas de sa compétence (nous l'avons prouvé hier); la seconde, en ce qu'il a méconnu l'*esprit* de l'article 5 de la loi du 29 juin 1820, et faussement appliqué les dispositions de cet article. La jurisprudence du *conseil d'état* ne doit point être une règle invariable pour le conseil d'état lui-même. Ce qui est contraire à la loi ne saurait devenir règle. Ce n'est pas parce qu'une question aura été décidée trois fois d'une manière, qu'elle doit nécessairement être décidée de même une quatrième. *Non exemplis, sed legibus judicandum.* La cour de cassation elle-même n'a-t-elle jamais varié dans sa jurisprudence? Persévérer dans l'erreur est le propre de l'ignorance et de l'orgueil. Tant que des hommes tels que les Portalis et les Cormenin siégeront dans le conseil d'état, il nous sera permis d'espérer que *les principes immuables du droit* finiront par y triompher.

(Rognure du *Constitutionnel.*)

— Nous avons fait connaître dans notre numéro du 4 octobre que la cour royale de Rennes venait de rendre, en matière de listes électorales, deux décisions importantes en faveur des sieurs Boelle, Cabri et Bionaud, demeurant à

Brest, exclus des listes électorales comme ne pouvant profiter des délégations des contributions qui leur avaient été faites par leurs belles-mères, attendu que celles-ci ont des petits-enfans.

Voici le texte même des arrêts rendus dans cette question :

« Vu en droit l'art. 4 de la loi du 2 mai 1827, les art. 5 et 6 de la loi du 5 février 1817;

« Vu la requête, en date du 27 septembre 1827, signée Boelle, Cabri et Bionaud, en recours contre les arrêtés du préfet du département du Finistère, en date des 11, 14 et 21 septembre présent mois, rendus en conseil de préfecture;

« Considérant que la loi n'exige pour les réclamations contre la rédaction des listes électorales devant les conseils de préfecture, que de simples mémoires et sans frais;

« Considérant que la loi ne prescrit aucun mode spécial pour se pourvoir devant les cours royales contre les décisions émanées de l'autorité administrative; d'où il suit qu'il n'y a pas lieu d'assujétir les réclamans à des formalités d'un autre ordre devant les cours royales;

« Considérant en fait qu'il résulte de la nature du recours qu'il y a urgence; considérant que les réclamations des demandeurs ont évidemment et uniquement pour objet l'exercice du droit politique, et que, par conséquent, la compétence de la cour est clairement établie par l'art. 6 de la loi du 5 février 1817;

« Considérant au fond que l'art. 40 de la charte détermine les conditions nécessaires pour être électeur;

« Que l'art. 5 de la loi du 29 juin 1820 ajoute que les contributions foncières payées par une veuve peuvent être comptées à celui de ses fils, à défaut de fils à celui de ses petits-fils, et à défaut de fils et de petits fils à celui de ses gendres qu'elle désigne;

« Considérant qu'il est évident que ces mots *à défaut* doivent s'entendre du défaut relatif à la capacité des fils et petits-fils, comme du défaut absolu de leur existence; d'où il suit que par les décisions sus-référées, le préfet du Finistère, statuant en conseil de préfecture, a illégalement restreint la disposition de la loi;

« Par ces motifs,

« La cour dit qu'il y a urgence, qu'elle est valablement saisie, qu'elle est compétente, et statuant au fond, réformant et faisant application de l'article 5 de la loi du 29 juin 1820, ordonne que les contributions prises sur les biens des dames..... et par chacune d'elles transmises par actes authentiques à leurs gendres respectifs Boelle, Cabri et Bionaud, seront comptées à ceux-ci chacune en droit soi, pour, réunies à celles qu'ils paient personnellement, composer leur cens électoral;

« Et ordonne en conséquence qu'ils seront inscrits sur la première partie des listes du jury de leur département; le tout sans dépens.

— La seconde affaire portée à la cour le lendemain, présentait à juger les mêmes questions, et en outre celle de savoir si un *petit-gendre*, c'est-à-dire le mari d'une petite-fille, pouvait être assimilé au gendre, et jouir de la faveur accordée par l'art. 5 de la loi de 1820.

La cour, après avoir décidé les premières questions comme elle l'avait fait la veille, a ajouté sur la dernière :

« Considérant que, dans l'acception légale, le terme générique de *gendre* comprend, comme l'exprime d'ailleurs la loi romaine 136 au digest *de verb. significatione*, les gendres, à quelque degré qu'ils soient; et que l'intention du législateur de prendre le même terme dans la même acception, résulte de la discussion qui a précédé la loi à la chambre des députés;

« D'où il suit que le préfet du département d'Ille-et-Vilaine, statuant en conseil de préfecture, a restreint la disposition de la loi au préjudice du demandeur;

« Par ces motifs, etc. »

(Rognure du *Courrier français.*)

POLÉMIQUE.

Le Constitutionnel étonne le public par sa polémique active. Les lecteurs seraient bien plus étonnés s'ils savaient combien de morts il laisse dans les chausses-trapes de la censure; si ce combat a l'inconvénient de répondre aux défis des ministres, c'est aussi donner aux ciseaux de M. de Bonald l'occasion de trahir le secret de toutes les passions qui animent la coterie du silence et de la servilité. Voici seulement quelques échantillons de ces imbécillités profondes; on y verra partout la haine de notre temps et de nos lois.

Il (le roi d'Angleterre) comprend son pays.
(Rognure du *Constitutionnel.*)

— Malgré la confusion des disputes et le mécompte des révolutions, bientôt les mots doivent reprendre leur sens clair, les idées doivent recouvrer leur puissance, les affections doivent reprendre leur cours. (*Ibid.*)

— Après douze années de repos, les fausses craintes ont dû se calmer, les espérances fondées ont dû renaître, et le découragement a dû cesser. On a dû sentir que demander la liberté constitutionnelle, en exercer les droits, aller dans les colléges électoraux, paraître à la tribune, avoir une opinion enfin, et la manifester, ce n'était pas rentrer dans la carrière des révolutions. On a vu qu'il y avait une manière raisonnable, utile et non chimérique de s'immiscer dans les affaires de l'état. (*Ibid.*)

— En ayant soin de se faire un avis, sans prendre à tâche ni de le publier, ni de l'ébruiter, par cela seul qu'on s'en est fait un, on est quelque chose, on est partie de cette puissance invisible que Tacite appelle *la conscience du genre humain*, qui contient récompense, ou punit ceux qui sont chargés des destinées des hommes.

— L'Espagne a trompé les conjectures d'orateurs ministériels, de ministres eux-mêmes. (*Ibid.*)

— Il y a retour d'idées théocratiques. (*Ibid.*)

— Il faut même de la liberté littéraire. (*Ibid.*)

On ne finirait pas si on voulait relever toutes les sottises de la censure. Voici qui passe tout : on a publié une correspondance de l'empereur du Brésil; cette correspondance respirait un intérêt sincère pour les institutions que le monarque a jurées. Il faut préserver les peuples du libéralisme des trônes. L'ouvrage ne peut être annoncé dans les journaux français.

Un de nos princes a lu l'ouvrage, et a daigné en témoigner sa satisfaction. La censure n'a pu étendre sa juridiction sur cet auguste suffrage ; mais les gens de M. de Bonald se sont vengés ; ils ont abattu cette note :

Un vol. in-8°, prix : 6 fr. Chez Tenon, rue Hautefeuille, n° 30.

Le public ignorera où se vendent les écrits du monarque qui aime à voir fleurir les institutions libres.

L'indication suivante n'a pu percer dans les journaux.

La *Gazette universelle de Lyon* publie un article en trois colonnes, destiné à prouver que la loi actuelle des élections est radicalement mauvaise, et qu'il faut sans délai lui en substituer une autre. C'est le second article que la *Gazette universelle* publie sur cette question ; il paraît que ses rédacteurs y attachent une haute importance ; ils pensent que leurs vues seront accueillies : « L'espérance publique, disent-ils, aime « à envisager ce prochain avenir.

(Rognure du *Courrier français.)*

La faction de M. de Bonald a besoin des ténèbres : elle aurait peur d'elle-même s'il lui fallait marcher à la clarté du jour.

HISTOIRE.

L'histoire est traitée comme la politique, la politique comme le présent. M. de Bonald ne célèbre pas assez, dans son apologie de la censure, le service immense qu'il rend à son pays en interdisant aux Français les annales de la France sous toutes les formes et à toutes les époques. On va voir que la littérature n'obtient point de grâce, qu'il n'en est pas pour les noms les plus illustres, qu'il n'en est pas pour les serviteurs du trône ; que le duc de Liancourt est poursuivi jusque dans son tombeau après avoir été frappé dans ses cheveux blancs et dans son cercueil ; qu'un hommage ne peut être rendu à des femmes illustres, que l'ancien régime lui-même ne peut être observé, et qu'il est interdit au talent d'analyser Beaumarchais!

RESTAURATION. DUC DE LIANCOURT. — Le salaire qui ne lui manqua jamais fut l'admiration, la vénération, la reconnaissance universelles. — Je me trompe : le 15 juillet 1823, M. de Larochefoucauld fut destitué de toutes ses places, destitution que notre éloquent président a si justement flétri d'interdiction de faire le bien. Cette peine nouvelle, comme il l'appelle, n'atteignit pas seulement les malheureux dont M. de Liancourt était l'appui, elle frappa au cœur ce noble vieillard lui-même, qui ne put se résigner à être inutile.

Avec ces années qu'il appelait stériles, commença l'affaiblissement de ses forces physiques. Cependant il vint combattre encore pour les libertés publiques à la Chambre des pairs ; et quand il sentit la mort s'approcher, c'est avec le calme d'une conscience éclairée et irréprochable. Sa religion était l'évangile rendu à sa pureté ancienne et primitive ; c'est le livre qu'il jugeait le plus propre à être mis aux mains de tous, et dont il recommandait incessamment la lecture. Intérieurement convaincu, disait-il, des vérités du protestantisme, il repoussa loyalement, jusqu'à sa dernière heure, tout acte d'une dévotion incompatible avec ses opinions, et mourut avec tout ce qui peut rendre facile le passage de cette vie à l'autre : une croyance sincère aux vérités fondamentales du christianisme, le sentiment du bien qu'il avait fait, les consolations de sa nombreuse famille, et les bénédictions du pauvre.

M. le comte Gaetan raconte la scène horrible et douloureuse qui jettera une honte éternelle sur l'administration qui aurait dû joindre son hommage aux purs et pieux hommages que reçurent ses funérailles; nous ne la retracerons pas.

Nous aimons bien mieux rendre justice à l'intéressant tableau que vous a offert un fils d'une vie si pleine de beaux exemples des pratiques d'une si douce humanité, qu'il en est peu qui aient plus honoré le nom de Larochefoucauld, l'époque où nous vivons et votre propre institution.

J. J. Coulmann.

(Rognure du *Journal de la Société de la Morale chrétienne.*)

EMPIRE. On pardonne à un historien de juger les événemens politiques avec les idées et même avec les préventions nationales.

Les événemens politiques sont liés aux les intérêts de la patrie. Un Anglais parlera avec orgueil de la bataille de Vittoria et de celle de Waterloo; il y aurait de la maladresse à lui en faire un crime. La France est assez riche en triomphes pour accorder à ses anciens ennemis un droit dont l'exercice est tout à son avantage. A deux ou trois victoires où ses armes furent trahies par la Fortune, elle opposera trente journées immortelles où, pendant vingt années consécutives, cette divinité volage sembla, en se fixant sous nos drapeaux, avoir oublié son inconstance. Ces journées, nous pouvons les louer sans exagération et sans emphase, parce que la vérité la plus scrupuleusement historique y a passé plus d'une fois les bornes de la vraisemblance. Les hyperboles de nos rivaux attestent la surprise que leur inspirèrent des succès auquels nous ne les avions pas accoutumés. Elles rappellent la réponse patriotique de ce Français auquel un Espagnol faisait admirer la magnificence du palais votif de l'Escurial, bâti, comme on sait, par Philippe II, en mémoire de la victoire de Saint-Quentin : « Il fallait que votre maître eût une terri-« ble peur pour avoir fait un vœu si énormément dispendieux. » Le pont du Strand, la statue d'Hyde Park, les hymnes de sir Walter Scott, qu'est-ce autre chose que le monument de l'Escurial?

Il y a donc une sorte d'injustice à blâmer l'historien anglais de Napoléon de la partialité avec laquelle il a voulu compenser, par la peinture des faits favorables à son pays, l'incontestable supériorité que nous assurent et le nombre de nos victoires, et la disproportion originelle de nos forces avec celles de nos ennemis, et l'influence puissante du génie extraordinaire qui transporta les poids de la balance, et nous donna à la fin pour auxiliaires la plus grande partie des nations primitivement conjurées contre nous. Si cette partialité est une erreur, excusons-la dans un écrivain anglais, et songeons que nous autres Français, placés dans une situation diamétralement oppposée, nous serions fâchés de n'avoir pas quelquefois à nous la reprocher.

Il est un genre de torts d'une nature bien différente, et dont il nous paraît bien plus difficile d'absoudre sir Walter Scott. Ce célèbre écrivain jouit, dans son pays, d'une réputation de probité et de délicatesse que nous avons tout lieu de croire méritée; il exerce une grave et sévère magistrature; il paraît honoré de l'estime particulière de son souverain: ce sont là des titres à la confiance publique que nous ne voulons point méconnaître, mais qui par cela même qu'ils ne sont pas contestés, nous laissent dans la surprise qu'ils aient pu être compromis.

Une opinion sur les faits n'est qu'une opinion; permis à l'auteur de l'émettre, permis à chacun de l'adopter ou de la combattre. En est-il de même d'une opinion sur les personnes? et quand ces personnes appartiennent à un rang, et surtout à un sexe qui ne peut être environné de trop d'égards, ni protégé par trop de respects, est-il permis à un écrivain contemporain de les enlever à l'heureuse obscurité qui est un de leurs principaux priviléges, et que la philosophie met au nombre de leurs vertus, pour les traduire sur le théâtre public de l'histoire, et les y exposer, par des dénominations injurieuses, à la censure publique?

Les noms de Mme la maréchale de Montebello, de Mme la duchesse de Bassano, sont prononcés dans le 16e volume (édition in-12) de la *Vie de Napoléon* par sir Walter Scott. Ils le sont d'une manière outrageante, ils le sont sans ménagement, ils le sont sans nécessité, et, ce qu'il y a de plus fâcheux pour l'historien, ils le sont sans que l'accusation qui tend à les flétrir puisse être appuyée sur l'ombre d'une preuve. Des dames honorables par leur caractère personnel, non moins que par celui de leurs époux, sont dénoncées par sir Walter Scott pour des choses qui se seraient passées, suivant lui, dans le secret de leur intérieur, et par conséquent sans autres témoins que de prétendus complices. La nature même de l'injure en détruit la certitude historique. *Des femmes intrigantes*, puisque nous sommes condamnés à répéter l'épithète, échappée par une distraction inconcevable à la plume de sir Walter Scott, des femmes intrigantes, disons-nous, auraient bien mal choisi les confidens de leurs intrigues.

Les confidences mystérieuses de 1814 et de 1815, dont il est question dans le passage que nous rappelons, sont des chimères. S'il y a eu, à cette époque, des réunions formées dans un but politique, ce but a été nécessairement dénaturé par les révélations intéressées des espions qui s'y étaient introduits. Le métier de ces sortes de gens est de supposer des crimes pour se donner le mérite de les avoir prévenus. Pour tout homme sensé, le seul sentiment qu'ils inspirent après le sentiment de l'horreur, c'est au moins celui de la défiance. Était-il digne de sir Walter Scott d'admettre comme des réalités, de basses dénonciations repoussées du cœur de tout honnête homme par la déloyauté et l'ignominie de ceux qui les avaient portées?

Combien cette malheureuse facilité à admettre la calomnie aura dû coûter de regrets à sir Walter Scott, lorsqu'il aura appris qu'au moment même où il inquiétait par quelques lignes infidèles la veuve d'un illustre guerrier, il entr'ouvrait peut-être sans le savoir la tombe d'une excellente épouse, d'une incomparable mère de famille; qu'il abrégeait les jours d'une femme illustre, enlevée avant son été aux embrassemens de ses enfans et de son époux, et ajoutait ainsi au deuil domestique dont cette mort prématurée a été la cause, la douleur plus généralement ressentie de voir insulter une mémoire irréprochable, jusqu'alors inaccessible aux traits de la malveillance et de l'injustice!

Sir Walter Scott prépare, dit-on, une nouvelle édition de son ouvrage, et il se propose de la purger des erreurs inévitables que la rapidité de la première composition a dû entraîner. Il n'en est aucune que le soin de sa réputation et la voix de sa conscience lui commandent plus impérieusement de réparer. Que d'autres s'occupent de relever des fautes de date, des méprises chronologiques, des altérations dans quelques dénominations de parti, ce sont là des inadvertances légères qu'avec la moindre attention il sera facile de corriger. Ce qui importe à l'honneur de sir Walter Scott, c'est de supprimer les atteintes portées à celui des individus qu'il fait figurer dans la *Vie de Napoléon*, et surtout des personnages qui, n'ayant joué aucun rôle public, auraient dû se croire dispensés de comparaître devant le tribunal de l'histoire. (Rognure du *Journal des Débats.*)

RÉVOLUTION. *Souvenirs de la Révolution française*, par Héléna - Maria Williams; traduit de l'anglais (1).

« Cet ouvrage, dit l'auteur, ne se compose que de notes détachées et éparses; mais ces notes font partie du plus majestueux volume. » Les *Souvenirs de la Révolution française* ne sont, en effet, ni une histoire complète, ni même l'examen approfondi d'une époque. Jetée sur la scène politique depuis la seconde fédération, amie de la plupart des hommes distingués du temps, et toujours passionnée pour la liberté, quoique souvent victime des factions, miss Williams raconte aujourd'hui avec simplicité ce qu'elle a vu; à son récit se mêlent des anecdotes piquantes. Miss Williams, persuadée que tous les spectateurs des grandes scènes de la révolution ont contracté une dette envers l'histoire, apporte son tribut, et concourt, autant qu'il lui est possible, à accroître la somme des vérités acquises sur cette importante et curieuse époque.

Lorsque miss Williams vint établir son séjour en France, et elle ne l'a point quittée depuis trente ans, ses introducteurs dans le monde parisien furent quelques girondins. Ce fut de la Gironde qu'elle apprit la révolution; elle puisa, dans le langage des hommes distingués de ce parti, ses sentimens et ses principes; elle souffrit avec courage pour eux. Miss Williams retrouva dans la prison du Luxembourg ceux qu'elle avait admirés dans les cercles; elle exhorta, pour ainsi dire, ses amis jusqu'au pied de l'échafaud. On n'oublie pas aisément de tels souvenirs. Il ne faut donc pas s'étonner si miss Williams est restée girondine, si son admiration pour les chefs de ce parti ne s'est point affaiblie avec les années, si elle ne peut s'accoutumer aux récits froidement équitables de quelques jeunes historiens modernes, décidés d'avance à traiter comme de l'histoire ancienne des événemens qui font encore saigner tant de cœurs; écrivains de talent d'ailleurs que miss Williams appelle la *faction des impartiaux*.

(1) Un vol. in-8. Prix, 4 fr. A Paris, chez Dondey-Dupré père et fils, rue Saint-Louis, n. 46, au Marais, et rue de Richelieu, n. 47 *bis*, et chez Mongie, boulevard des Italiens, n. 10.

Les *Souvenirs de la Révolution française* offrent donc une sorte d'apologie des girondins; étudions avec elle les nobles citoyens qu'elle s'est plu à dépeindre. Ils furent probes et courageux; ils portèrent la vertu dans le malheur, et l'amour du pays dans la proscription. Leur histoire pourrait-elle manquer d'intérêt?

Les chefs de ce parti étaient Brissot et Pétion : le premier, plus ardent et plus aventureux; le second, plus froid et plus considéré. Miss Williams trace de l'un et de l'autre un portrait différemment intéressant. Voici une anectote qui révèle Pétion tout entier : « La dernière fois que je vis Pétion, dit miss Williams il fuyait dans la rue, poursuivi de près par une bande de la populace des jacobins, qui l'abreuvait de mille outrages. Il arriva en cet état jusqu'à la porte de notre maison. Il se disposait alors à prendre la fuite, et après m'avoir annoncé le funeste sort qui l'attendait, il ajouta, du ton le plus pénétré: « J'ai un reproche, rien qu'un, à me faire. J'aurais dû mourir pendant les massacres de septembre. J'ai fait tout ce que j'ai pu. J'étais sans moyens et sans pouvoir; mais j'avais encore quelque popularité. Je me suis précipité de prison en prison, et partout où j'ai été, les assassins suspendaient leurs coups, sans que j'aie pu empêcher qu'ils ne recommençassent à mon départ. Enfin, Danton me fit garder à vue chez moi; mais c'est égal, j'aurais dû sortir malgré la garde, j'aurais dû mourir. » Ce furent là en quelque sorte les dernières paroles de Pétion. A partir de ce jour je ne le vis plus; peu de temps après on trouva dans un champ le cadavre de Pétion étendu à côté de celui de son ami Buzot, girondin distingué. »

Brissot a été traité sévèrement par madame de Staël; et il est encore des écrivains qui conservent des doutes sur le caractère de cet orateur girondin. Miss Williams ne peut cacher l'opinion favorable qu'elle a eue de sa bonne foi. » S'il s'est trompé, dit-elle, sur quelques principes, il a expié sur l'échafaud sa généreuse erreur. Je l'ai connu pauvre, vivant de la manière la plus modeste, au moment où ses ennemis l'accusaient de recevoir à pleines mains les guinées de l'Angleterre. » Une anecdote relative au fils de cet homme célèbre mérite de trouver ici sa place. Pendant le consulat on l'avait admis à l'école polytechnique Au moment où le régime consulaire se perdit dans le gouvernement impérial, tous les élèves furent convoqués solennellement pour prêter serment au nouvel empereur. Le tour du jeune Brissot étant venu, *vous jurez*, dit le président, *fidélité à l'empereur?* et d'une voix ferme, le jeune homme répondit : Non! Toute l'assemblée resta stupéfaite. On demanda au courageux élève quels étaient ses motifs : « *Je suis trop jeune*, répondit-il, *pour prononcer sur des matières politiques. Ce que je sais, c'est que mon père est mort sur l'échafaud pour la république; je suis donc républicain.* » N'y a-t-il pas dans cette réponse je ne sais quel parfum d'antiquité, qui ferait croire qu'elle a été puisée dans l'histoire de Sparte ou de Rome?

La plus touchante des victimes entraînées dans la chute de la Gironde fut sans contredit madame Roland, dont les Mémoires font l'ornement de l'importante *Collection des Mémoires de la révolution française;* on a peint souvent, et non sans éloquence, cette femme illustre; le portrait tracé par miss Williams plaira cependant encore. « Madame Roland, dit-elle, était une femme de la trempe de celles qui sont venues mourir sur les murs de Missolonghi. Elle eût été digne d'être assise à la droite de Washington, lorsqu'il proclama la liberté. Elle rencontra la mort avec cette fermeté héroïque qui change en triomphe la marche vers l'échafaud. »

Des réflexions attendrissantes terminent la portion des souvenirs de miss Williams consacrés à la Gironde : « La nation française, dit l'auteur, poursuivant ses destinées rapides, et entraînée dans le tourbillon des événemens, n'a pas fait assez d'attention à ces martyrs célèbres. Mourir pour la patrie n'est pas un service qui se doive sitôt oublier; on n'a pas assez vénéré la mémoire de ces hommes dont la noble carrière ne se souilla jamais d'un sentiment vil et égoïste. Ils ont aimé la liberté pour elle seule, cette passion des nobles cœurs; ils ont scellé leurs principes de leur sang. Moi, cependant, étrangère en France, je les pleure encore si la France les oublie. Je regarde comme une gloire pour mon nom d'avoir joui de leur amitié, d'avoir pu, non sans péril, leur donner quelques marques d'attachement dans les derniers de leurs nobles jours. »

Les Souvenirs de la révolution offrent, comme on l'a dit, un grand nombre d'anecdotes peu connues, qui éclaircissent souvent des événemens graves, et qui piquent la curiosité. Ainsi, la génération actuelle y trouvera l'origine du chant fameux *Ça ira*, et n'apprendra pas sans surprise que le refrain en est dû à une parole de l'illustre Franklin. On retrouvera dans les Mémoires de miss Williams ce mot si profond de Dupont de Nemours, qui, interrogé par Napoléon sur la nature du gouvernement américain, répondit : « *Sire, c'est un gouvernement qu'on ne voit pas et qu'on ne sent pas.* » On y lira avec intérêt l'histoire d'un galérien vertueux, qui pourrait devenir le sujet d'un mélodrame. Un passage singulier, relatif aux ajustemens des dames après le 9 thermidor, sera remarqué par les lectrices des *Souvenirs de la révolution.* « Après le 9 thermidor, dit miss Williams, les hommes recommencèrent à soigner leur toilette; les femmes quittèrent la petite cornette, symbole d'égalité; mais, chose remarquable, dans ce mouvement rétrograde des modes et des costumes, on ne reprit rien qui rappelât l'ancien régime et ses gothiques décorations. Ce fut alors que l'on vit les dames se draper à l'antique, se couvrir de robes flottantes qui semblaient dessinées plus par le statuaire que par la modiste. On adopta la coiffure grecque avec une sévérité classique, et les boucles de cheveux se dessinèrent à l'imitation de l'ancienne Athènes. Ces costumes nouveaux ne passèrent pas avec la république; ils furent conservés sous le gouvernement de Joséphine, qui resta toujours fidèle aux principes rigoureux de la toilette des Grecs. Ce fut Marie-Louise qui opéra les premiers changemens; elle jeta la mode dans la voie gothique. »

Mais l'anecdote, sans contredit, la plus piquante de tout l'ouvrage, est celle qui concerne madame de Genlis, et que cette dernière a oubliée dans ses Mémoires. Miss Williams rend compte de sa première visite à cette dame célèbre. « Je me rappelle, dit-elle, que, dans mon enthousiasme encore tout naïf pour la liberté, ce qui me plut davantage dans cette visite, c'est l'énorme profusion de rubans tricolores qui ornaient la toilette de madame de Genlis, et qui environnaient de leurs nœuds brillans une petite pierre de la Bastille, polie, montée en or, et qu'elle portait comme parure. Ce bijou révolutionnaire était rehaussé par des rangs de pierres fines des trois couleurs, et environné d'une couronne de laurier. Madame la comtesse s'appelait alors madame Brulart : les circonstances avaient supprimé le *de*. Je me rappelle encore l'accent de mépris avec lequel elle traitait la sotte constitution anglaise avec sa pairie héréditaire, et ses deux chambres, au lieu d'une chambre unique. »

Nous en avons dit assez pour exciter la curiosité des lecteurs sur l'ouvragede miss Williams. Cet ouvrage obtiendra un rang distingué parmi les Mémoires relatifs à la révolution française, et sera lu avec fruit par tous les hommes qui étudient l'histoire de ce grand monument politique.

(Rognure du *Constitutionnel.*)

ANCIEN RÉGIME. *Œuvres complètes de Beaumarchais* (1). (IIIᵉ et dernier article. — *Voyez* les Numéros des 5 et 22 août.)

Il y a entre Beaumarchais et Sheridan plusieurs points de rapprochement. D'abord, de tous les auteurs anglais Sheridan est peut-être celui qui a le plus de ce qu'en France on appelle de l'esprit. Aussi, comme Beaumarchais, il en met partout : comme lui, il ne se fait guère scrupule, dans ses pièces, de prêter à ses personnages plus de malice et plus d'esprit que leur rôle et leur situation n'en comportent ; il aime mieux la vivacité des saillies que la fidélité des caractères ; il est plus spirituel que vrai. Voilà pour leur ressemblance comme auteurs comiques. Quant à leurs destinées, s'ils n'ont pas été tous deux hommes publics, car ce titre ne convient peut-être qu'à Sheridan qui fut membre du parlement et secrétaire d'état, tous deux, du moins, ont attiré sur eux l'attention de leurs contemporains autrement que par leurs ouvrages : tous deux ont figuré sur la scène du monde. C'est ici qu'il est curieux d'observer quelle marche différente ont suivie ces deux hommes, et comment cette différence résulte de la différence des gouvernemens à cette époque.

En Angleterre, pays de liberté et d'élections, Sheridan, sans fortune et sans naissance, se fait remarquer par ses talens littéraires. Bientôt l'homme de lettres devient membre du parlement. Par son éloquence, il se place à côté de Pitt, de Burke et de Fox ; il arrive au ministère avec les whigs ; enfin c'est un homme public. Il a de la puissance, mais personne ne songe à s'en étonner : il n'y a là ni caprice de fortune, ni bonheur merveilleux : c'est la marche ordinaire des hommes ; c'est l'histoire des Canning et de tant d'autres.

En France, Beaumarchais suit un chemin tout différent. Sans fortune et sans naissance, comme Sheridan, ce n'est qu'à force de bonheur et d'adresse qu'il parvient à se faire

(1) Six volumes in-8° : 33 fr. Chez Furne, quai des Augustins ; Sautelet et compagnie, place de la Bourse.

jour. Enfin il arrive : à quoi ? à être homme d'état ? Non : il n'est encore qu'homme de cour. Il a montré à jouer de la guitare aux filles de Louis XV. Par là, il s'est fait bien venir des courtisans ; les ministres l'ont accueilli, les fermiers-généraux lui ont donné un intérêt dans leurs affaires, il a fait fortune ; enfin il a du crédit, mot de l'ancien régime ; mais il n'a point de puissance, mot de notre siècle et de nos institutions. Cependant sa faveur et sa fortune passent pour une sorte de prodige ; c'est un renversement des lois ordinaires. De là les jalousies, les soupçons outrageans ; bientôt la médisance devient calomnie ; bref, il paraît devant les tribunaux. Voilà comme il est fait homme public ! mais qu'importe aux gens d'esprit et de cœur de parler du bas de la sellette, ou du haut de la tribune ? Beaumarchais profite hardiment de l'éclat inévitable qu'un procès jette sur un homme, et il accepte cette nouvelle sorte d'existence publique. Ainsi, tandis que Sheridan reçoit doucement sa mission des mains de ses concitoyens, Beaumarchais ne prend la sienne que de la nécessité et du hasard, à travers les calomnies et les accusations. Si l'on n'était ministre ou favori du roi, voilà à quel prix, avant nos institutions, on devenait homme public ! C'était toujours une chose extraordinaire, et souvent une chose périlleuse.

Pour intéresser, il suffit souvent d'être malheureux et accusé ; mais pour se faire approuver et même se faire aimer, il faut quelque chose de mieux ; il faut mettre en cause avec soi quelqu'un des droits de l'humanité. Beaumarchais n'y manque pas. Aux uns, il a été peint comme un favori de la cour ; à d'autres, comme un homme dangereux ; à d'autres, comme un bouffon. Le public hésite, et ne sait pas s'il doit mépriser l'homme et l'affaire. D'un mot, Beaumarchais se relève et agrandit son procès : il se dit citoyen, citoyen persécuté et venant réclamer justice devant les tribunaux. A ce nom, si nouveau en 1774, tout change : ce titre inconnu enchante tout le monde. Depuis ce mot, il n'est personne qui ose traiter légèrement l'affaire de Beaumarchais. Qu'il soit libertin, bouffon, insolent, et tout ce que disent ses ennemis ; après tout, il est citoyen, et de ce côté, sa cause touche tout le monde. En revendiquant ce titre sur la sellette même des accusés, Beaumarchais réforme les idées reçues. Au vieux temps, rarement un accusé semblait autre chose qu'un *gibier de potence* que le juge voyait avec mépris, et le public avec horreur ou indifférence. Devant un accusé qui se disait citoyen, tout changea.

En effet, ce n'est pas tout d'avoir des juges qui sachent tenir leur rang; il faut aussi des accusés qui sachent garder le leur, puisque enfin il y a tel procès où l'accusé a aussi son genre de dignité. Aussi peut-on remarquer que si depuis le dix-huitième siècle, et depuis la révolution, la justice est plus solennelle, et les droits de l'accusé plus sacrés, c'est également parce que les magistrats et le public se souviennent que ce malheureux jusqu'à la condamnation est citoyen, et homme encore même après le châtiment, et parce que, grâce à l'expérience de nos procès politiques, nous savons aujourd'hui que la dignité est possible à l'accusé aussi bien qu'au juge. Beaumarchais a sa part dans cette innovation. Il fut un des premiers à oser, sur la sellette même, prendre et garder son rang.

La nature de la cause, avouons-le, servit merveilleusement Beaumarchais : les affaires de diffamation, comme les procès politiques, ont un privilége particulier, c'est que l'opinion publique y intervient, faisant et rendant justice, tantôt corrigeant les arrêts, tantôt même les annulant mieux que ne le faisaient autrefois les lettres d'abolition. Dans ces sortes d'affaires, il y a des choses que peuvent les arrêts, et d'autres qu'ils ne peuvent pas. Ainsi, ils ne feront pas croire au public qu'entre les conspirateurs et les escrocs il y ait égalité de bassesse, ni qu'on soit un calomniateur pour avoir dénoncé un juge corrompu.

Aujourd'hui, ces choses et ces idées-là n'ont plus rien d'extraordinaire ni de nouveau; mais à l'époque de Beaumarchais, l'opinion publique n'avait pas encore appris à juger les jugemens, et son affaire fut la première où elle prit ce droit. Le parlement *Meaupou* avait fini le procès par une sorte d'arrêt de transaction qui donnait tort à tout le monde, admonestant madame Goësman et blâmant Beaumarchais. Cet arrêt excita une réclamation universelle. Beaumarchais avait depuis si long temps gagné son procès tout entier devant le public, que le parlement *Meaupou* eut mauvaise grâce à vouloir le lui faire perdre en partie. La cour et la ville se firent écrire à l'envi chez Beaumarchais. Le prince de Conti vint l'inviter à dîner, disant qu'il était d'assez bonne maison pour donner exemple de la manière dont il fallait traiter un si grand citoyen. Ainsi ce mot presque républicain réussissait même auprès d'un prince qu'on savait être fort attaché aux prérogatives du sang royal : tant était grand l'entraînement! Pour amortir un peu cet éclat et ce bruit, M. de Sartines, lieutenant de police, homme d'esprit et ami de Beaumarchais, lui écrivit par forme d'avis que ce n'était pas tout d'être blâmé, qu'il fallait encore être modeste. Beaumarchais partit pour l'Angleterre, et ce fut moins pour se dérober à sa peine qu'à son triomphe.

A cette époque, une circonstance particulière aidait à la popularité de Beaumarchais; c'était la défaveur du parlement *Meaupou*. On appelait ainsi la magistrature créée par le chancelier Meaupou. Fatigué des remontrances politiques du parlement de Paris, il avait voulu, disait-il, retirer la couronne du greffe : il avait hardiment supprimé l'ancienne magistrature et remboursé les charges; en même temps il avait nommé d'autres magistrats. Désormais, plus de vénalité de charges, le ressort immense du parlement de Paris restreint dans de justes limites, d'utiles réformes dans l'administration de la justice, voilà pour le bien : mais aussi plus de remontrances publiques, plus d'indépendance dans la magistratnre, plus de contre-poids au pouvoir de la coucouronne, voilà le mal et le danger. Le public ne s'y trompa point. Il ne voulut pas de cette meilleure justice qu'on lui donnait aux dépens des derniers restes de ses libertés; il refusa l'échange, et prit parti pour la magistrature supprimée. Le parlement *Meaupou* fut bafoué, le vieux parlement regretté outre mesure, et Beaumarchais qui arriva au milieu de la lutte, accusant de corruption un membre du nouveau parlement, se trouva servir à souhait la rancune publique. Il a beau protester de son respect pour cette magistrature née d'hier, on ne veut pas y croire : c'est le parlement *Meaupou*! il suffit; et quand Beaumarchais soufflette Goësmau, le public en détourne quelque chose sur la joue de ses confrères.

Dans de pareilles circonstances, Beaumarchais pouvait être hardi impunément. Aussi voyez comme il bouleverse la routine ancienne des procédures, quelle publicité inusitée il donne aux *interrogatoires*, *récolemens et confrontations*, renfermés autrefois entre les quatre murs du greffe. Il y fait assister le public, le voile est levé et le mystère de la justice mis à nu. Ainsi c'est par cette cause bouffonne que s'introduit au palais le salutaire principe de la publicité, et c'est encore là un des mérites des Mémoires de Beaumarchais. Après les avoir lus comme des modèles de plaisanterie et d'éloquence, relisez-les, vous y découvrirez à chaque instant le germe de quelques uns des grands principes de justice ou d'humanité qui depuis ont passé dans les lois. Quant à moi, je ne connais aucun ouvrage qui donne une idée plus juste du travail des esprits à cette époque en fait de législation. On y voit ce que la société voulait que devinssent les lois. Beaumarchais, devenu par hasard au Palais le représentant de la philosophie, exprime le vœu des opinions nouvelles. Il parle sans morgue comme sans timidité, en homme du monde, qui, ayant droit d'ignorer les règles et les formalités judiciaires, paraît, en les écartant, pécher par omission plutôt que par action. C'est ce qu'un avocat ne pourrait faire de bonne grâce ; car, forcé de connaître et de respecter les formes de la loi, quelque minutieuses qu'elles soient, il serait coupable ; quand Beaumarchais ne semble tout au plus qu'ignorant.

Chose singulière ! cette publicité qui était une infraction aux vieilles habitudes du palais, cette inovation hardie ne choquait personne moins que les parlementaires zélés. Pleins de haine contre le parlement intrus de Meaupou, ils applaudissaient aux coups que Beaumarchais lui portait, sans s'apercevoir qu'il en rejaillissait quelque chose sur eux-mêmes : car enfin ces formes et ces règles n'appartenaient au parlement Meaupou que par occasion. C'était toujours, quoique usurpé, l'ancien patrimoine du parlement, et il fallait beaucoup haïr pour aider à la ruine du domaine, afin d'en perdre les usurpateurs.

La gloire des plaideurs a, comme toutes les autres, ses revers et ses chutes. Dans l'affaire Goësman, Beaumarchais était au faîte de la célébrité, plus tard il déchut. En 1781, accusé d'avoir aidé à la séduction de madame Kornman, il eut à plaider contre Bergasse, orateur grave et sérieux, souvent exagéré et déclamateur; mais un pareil défaut ne déplaisait guère à cette époque, où l'esprit moqueur de Voltaire cédait à l'influence sévère et sentencieuse de Rousseau, à la veille d'une révolution où les esprits semblaient se laisser séduire volontiers par l'emphase et la déclamation. Beaumarchais publia des Mémoires ; mais il ne rencontra pas les

4.

mêmes adversaires ni les mêmes temps. Le ridicule n'avait pas pris sur Bergasse comme sur madame Goësman et le grand cousin Bertrand. Les contemporains avaient des prétentions au sérieux, et le rire commençait à avoir mauvaise grâce au milieu des discussions de la politique. Bergasse, au nom de la morale, accusant Beaumarchais d'avoir aidé à profaner la sainteté du mariage, obtenait auprès des admirateurs de l'Héloïse et de l'Emile, un succès qu'il n'eût guère obtenu auprès des lecteurs de Crébillon fils ou des romans de Voltaire. Les bonnes fortunes commençaient à sentir l'ancien régime, et il n'y avait plus que les grandes passions qui se fissent excuser, grâce encore à Saint-Preux et à Julie. Aidé par cette disposition des esprits, Bergasse attaquait avec avantage un adversaire comme Beaumarchais, homme de cour, ami du plaisir, et qui, à ne le juger que par l'agitation de sa vie, pouvait, aux yeux de la malveillance et du rigorisme, passer pour intrigant plutôt que pour actif. D'ailleurs, autre avantage, Bergasse, quand il déclame, quoique exagéré, a de la chaleur et de la force. On sent que ce défaut là est le penchant naturel de son talent. Quand Beaumarchais déclame, comme ce n'est pas le tour de son esprit, il est froid et guindé. De là, l'infériorité de cette partie de ses Mémoires; de là aussi la faiblesse de ses drames. Cette fois, il gagna son procès; aussi bien il avait raison; mais le public n'était pas habitué à voir Beaumarchais gagner ses procès par le fond plutôt que par la forme.

Enfin, comme si ses adversaires devaient grandir à mesure qu'il avançait dans la carrière, sa dernière affaire fut contre Lecointre et la Convention. Il s'agissait de fusils achetés pour le compte de la République, retenus en Hollande, et que Beaumarchais, disait-on, voulait, sous ce prétexte, livrer aux ennemis de la France. Les Mémoires qu'il publia dans ce débat n'ont plus d'autre mérite que celui de la clarté des idées et de la netteté de la discussion. On y reconnaît encore l'homme qui a le talent des affaires, mais on n'y voit plus ce plaideur vif et ingénieux qui se jouait du parlement *Meaupou*. La Convention n'était ni d'humeur ni de nature à se laisser bafouer ou mépriser.

Résumons-nous sur le caractère et le génie de Beaumarchais. Ce qui le distingue entre tous les auteur sde la fin du dernier siècle, c'est qu'il pousse toujours les esprits en avant.

Lisez sa préface du *Mariage de Figaro;* il se plaint de la monotonie de notre théâtre, et ce n'est pas seulement un novateur en paroles, il dit et il fait il donne la leçon dans la préface et l'exemple dans la pièce. Dans ses Mémoires, même activité, même esprit d'innovation; mais point de morgue, point d'emphase; le ton de l'homme d'affaires plutôt que de l'homme de lettres. Beaumarchais sait que l'esprit humain est né pour avancer, et que chacun ici-bas doit faire sa part de chemin. Aussi il marche hardiment en avant. C'est là une gloire ou un crime que ne pardonneront guère ceux qui marchent en arrière, ceux qui marchent de côté, et enfin ceux qui ne marchent pas du tout. St. M.

(Rognure du *Journal des Débats.*)

LOUIS XIV. La 5e livraison de l'*Isographie* vient de paraître; parmi des lettres fort remarquables qu'elle contient, nous citerons la suivante, écrite par Louis XIV à Colbert. On sait que ce grand roi ne mettait pas toujours l'orthographe.

« Le samedy, à 11 heures du soir.

« Le jeu ne ma pas esté heureux. Il faut me faire porter demain 10 mil pistolles qui faut qui j aie demin au soir deuant six heures; ordonnez à M. Mère aussi tost que vous aurez receu ce billet de me les aporter et que cela ne manque pas, car je veux paier ce que je dois et avoir de quoi jouer.

« Louis. »

(Rognure du *Journal du Commerce.*)

CONCLUSION.

On vient de voir les actes de la censure, les actes dont M. de Bonald se glorifie. Le noble pair a plus de courage que le ministère; il avoue encore ses œuvres, et on aime à penser que le ministère commence à en rougir.

Ce qui est admirable, c'est que le président du comité de censure ose s'égaler à l'auguste président du comité des prisons. Alléger le poids des chaînes méritées est une œuvre magnanime et sainte ; tenir en main les fers jetés criminellement sur un grand peuple, est un office qu'il n'est pas au pouvoir du manteau de pair de relever et d'ennoblir. Il y a entre les deux situations que M. de Bonald compare bien autre chose mille fois que la distance qui sépare la sœur grise du geolier.

Quelle est d'ailleurs cette prétention singulière d'obtenir les hommages de la France. Ceux qui écrivent que le public est partout composé *en plus grande partie* d'esprits faux, ignorans et passionnés, ceux-là, s'ils ont foi dans leurs paroles, doivent ambitionner la réprobation publique, point la publique estime. S'ils avaient les respects de leur pays, ils douteraient apparemment de leur propre vertu.

Ou plutôt, n'est-ce pas une conscience malade qui rejette sur tous les hommes ces jugemens injurieux, comme on renvoie un importun fardeau? Et faut-il appeler du nom de calomnie ou bien de celui de remords, ces accusations fausses et déloyales par lesquelles on cherche à s'étourdir sur ces accusations intérieures, dont rien, Dieu merci, ne peut ni consoler ni distraire? Que veut dire M. de Bonald quand il s'écrie : « On répandra d'obscènes impiétés ; on les « donnera au peuple pour corrompre son cœur. On « les lui donnera comme le libertin donne des mau« vais livres à la jeune personne qu'il veut séduire. « Et ce ne sera pas par débauche d'esprit, mais par « calcul politique, comme moyen de recrutement : « combinaison infernale, dernier degré de corrup« tion réservé à notre pays et à notre époque !.... »

M. de Bonald se trompe, il y a quelque chose de pire au monde que de pratiquer ces infamies; c'est de les inventer! de les inventer pour compromettre son pays dans l'estime du monde! Au nom de ce pays magnanime qu'on outrage et qui prodigue les trésors de son noble sein à ses diffamateurs, je proteste contre les impostures qu'on vient de lire. Je les flétris de leur nom parce que la gloire de la France est plus chère que celle d'un homme, parce que aussi la dignité du rang, le sacerdoce de la vieillesse, se perdent dans la violence des passions et la prodigalité des calomnies! Autant que personne je connais les excès où peuvent entraîner les partis. Mais je porte à M. de Bonald le défi de dévoiler une seule distribution gratuite d'*impiétés obscènes*. Pour l'honneur de la patrie, cet attentat ne s'est pas vu; c'est déjà trop que la haine dans son délire ait pu le concevoir.

M. de Bonald ne recule point devant la diffamation inique. En tronquant une phrase que je suis loin de désavouer, il trouve lemoyen de calomnier et le journal qui l'accueillit et moi-même. Pour moi, ce peut être bonne guerre, mais pour ce journal, c'est à tout le moins ingratitude. Doit-on jamais lacérer le hamac de l'adversité?

La haine que le noble pair porte à la presse est inventive. Il a imaginé de supplier la poste royale de porter ses brochures et de ne point porter les nôtres. Il en fait à cette administration un devoir. Le gouvernement, dit-il, ne doit pas se charger de répandre les poisons: étrange préoccupation d'esprit, culte héroïque de soi-même, qui voyant l'erreur, le péril, l'hérésie dans tous les dissentimens, voudrait que le monde entier se liguât pour assurer l'empire des écrits qu'on a jetés aux vents!.

Ainsi la poste appartient au ministère et point au public, au public qui la paie, et la paie sans acception de couleurs et de partis. Ce qui est vrai de la poste le sera de tout ce qui émane de l'administr tion, et tout en émane. L'administration sera déclarée propriétaire de tous les intérêts dont la gestion lui est confiée, et on pourra menacer le médecin de lui retirer son diplôme s'il panse les plaies de quiconque doute du génie de M. de Villèle, et plaint M. de Bonald au lieu de l'admirer. Pourquoi ne pas dire aussi que les préfets doivent se refuser à porter sur les listes électorales, les électeurs empoisonnés de doctrines mauvaises? Ce serait épargner au ministère bien des déloyautés. Il est triste de penser qu'on en soit encore à traiter un grand peuple comme un bétail docile, et ses affaires comme la chose des ministres qu'il paie pour les diriger. Il est triste aussi de voir un homme de talent employer les restes de son génie à trouver, pour la pensée, de nouveaux moyens de persécution et d'étouffement. Qu'il se rassure! le ministère a beaucoup fait dans la carrière qu'il parcourt. La poste a déjà exécuté les violences qu'il rêve. Mes écrits ont été affranchis souvent, rarement reçus. C'est une double prévarication. La poste n'a pas plus le droit de trier les livres que les lettres. Elle ne peut refuser à nul citoyen, à nul écrit qui n'est pas frappé par les lois, son ministère. C'est un roulage accéléré, point une censure supérieure, point une rivale pour M. de

Bonald et un auxiliaire pour les conseillers de la couronne. Sans cette prétention de changer un méfait en axiome, et d'en donner la théorie, je n'aurais point relevé un tort qui m'est en quelque sorte personnel ; il m'en coûtait d'inculper une administration, honorable par son dévouement, son zèle, ses lumières, ses améliorations constantes, et qui n'a point d'égale dans le reste de l'Europe. C'est une des gloires de la France.

Que ne sait-on combien, avec le bien-être social du pays, la douceur des mœurs, la rapide communication des esprits, les relations croisées du monde, accuser est chose pénible et importune pour ceux-là mêmes qu'un amour exalté de la justice et des lois a condamnés à cette triste tâche? Vienne le jour où, pour mon compte, je pourrai cesser ce combat! Mais j'espère ne pas vivre assez pour souhaiter que mes adversaires aient les mains enchaînées! Les enchaîner soi-même et mendier pour eux d'autres entraves, c'est là un degré de faiblesse orgueilleuse, inique et vindicative auquel Dieu ne permetrra sûrement jamais que les hommes de nos jeunes générations descendent.

Non pas assurément que nous nous fassions une idée vaniteuse de nos forces! Quand nous avons des antagonistes tels que M. de La Mennaie ou M. de Bonald, comment ne pas reconnaître que la Providence, libérale pour eux, dispense inégalement le génie ; mais ces différences nous frappent peu, parce que nous respectons dans les hommes une haute image, que nous croyons à la vérité, que nous avons foi dans la justice, que pour vaincre nous ne jugeons pas nécessaire d'avoir le talent de notre côté si nous avons le bon droit. De là vient aussi que nous voulons la liberté, la liberté restreinte et sage qui fût scellée de la parole de nos rois, non pas cette liberté subversive et sanguinaire qu'invoquent les factions, non pas cette liberté menteuse et goguenarde, la seule qui soit constitutionnelle au gré de M. de Bonald, la seule, dit-il, qui soit dans la charte, celle d'être préservés de la licence par la censure.

Pendant que j'ai tracé ces lignes, le bruit de la dissolution a pris une consistance nouvelle. Réunir les trophées de la milice que M. de Bonald surveille, c'est dresser pour l'arbitraire ministériel ses colonnes d'Hercule; quoi qu'il en puisse être, cet arbitraire ne peut avoir longue vie, car il est insensé, impuissant, stérile et ridicule.

On assure, mais je ne puis le penser, que la dissolution de la chambre des députés se lierait à une création de pairs; qu'ainsi le livre de M. de Bonald serait moins le chant du cygne de la censure qui expire, que le programme de la censure éternelle qu'on rêve. Le noble pair serait le hérault chargé de dénoncer des hostilités nouvelles à tout ce qu'il atttaque, nos magistrats, nos représentans héréditaires, nos libertés saintes! Sans doute ce sont là des choses que les ministres ont leurs raisons de haïr comme lui; mais ils sont aux affaires. Ils tiennent en main le timon. Ils doivent avoir acquis cette grosse sagesse qui donne l'expérience des choses positives, et je ne puis croire à l'extrême folie. On pressent l'impulsion terrible qui serait donnée. C'est avec une conviction sérieuse et profonde que je le dis : je ne crois pas que la monarchie résistât à des *recommencemens* de sept années.

Puisse plutôt les vœux de la raison publique avoir pénétré dans les conseils du trône! Ce qu'il faut au trône comme à nous, ce dont il doit comme nous être avide, c'est le *otium cum dignitate*. Il a la force : qu'il accepte le repos, et qu'il nous le donne en laissant fleurir nos libertés!

C'est une nation facile à contenter et à régir que celle qui ne demande que le maintien des lois. D'ordinaire c'est là tout ce que les gouvernemens désirent. Si l'esprit destructeur des factions règne là où devrait dominer l'esprit de conservation et de sagesse, si la main qui doit réprimer les tempêtes se plaît à les déchaîner, alors d'affreux malheurs sont inévitables, et ce ne sera point la France qui en répondra.

N. A. DE SALVANDY.

Paris, le 16 octobre 1827.

IMPRIMERIE D'AUGUSTE BARTHELEMY,
rue des Grands-Augustins, n° 10.

www.ingramcontent.com/pod-product-compliance
Lightning Source LLC
LaVergne TN
LVHW022133080426
835511LV00007B/1122

* 9 7 8 2 0 1 1 2 6 0 8 2 6 *